R.

★ E.1064.

3070
49/t
  R.
 343.

LES
FABLES
DE
PILPAY
PHILOSOPHE INDIEN,
OU
LA CONDUITE
DES ROIS.

LES
FABLES
DE
PILPAY
PHILOSOPHE INDIEN;
OU
LA CONDUITE
DES ROIS.

A PARIS,
Chez FLORENTIN & PIERRE DELAULNE,
ruë Saint Jacques, à l'Empereur,
& au Lion d'or.

M. DC. XCVIII.
AVEC PRIVILEGE DU ROY.

AVERTISSEMENT.

PILPAY Bramine Indien est l'Auteur de ce Livre. (Les Indiens donnent à leurs Sages le nom de Bramine, comme les Grecs donnent aux leurs celui de Bracmans.) Il le composa pendant qu'il gouvernoit une partie de l'Indostan, c'est-à-dire des Royaumes qui sont entre l'Inde & le Gange, sous l'autorité du Roi Dabschelim son Maitre. Pilpay a mis toute sa Politique dans cet Ouvrage; & suivant la coutume de presque tous les Peuples de l'Orient, qui n'enseignent que par Pa-

ã

AVERTISSEMENT.

raboles, il montre à tous les Rois par des Fables les moyens de bien gouverner leurs sujets. Dabschelim conserva longtems ce depost, & le laissa à ses successeurs jusques au tems de Nouchirevon Roi de Perse.

Ce Prince ayant oüi parler de ce Livre, envoya son Medecin exprés aux Indes, pour en avoir un Exemplaire à quelque prix que ce fût. Le Medecin s'aquitta de sa commission au gré de son Maitre; & comme il entendoit parfaitement la Langue Indienne, il traduisit ces Fables dans l'ancien Langage des Persans, apellé Pahlavy, & que les Rois de Perse parloient alors ordinairement.

AVERTISSEMENT.

Les Arabes, aprés avoir conquis les plus belles Provinces de l'Orient, commencerent d'adoucir par les Lettres la rudesse de leurs mœurs: Ils travaillerent non seulement à rendre leur Langue riche & agreable; mais ils attirerent chez eux d'habiles gens de toutes les Nations du monde, auxquels ils donnerent de grandes recompenses pour traduire en Arabe tous les Livres de chaque Pays. Aboulhasan Abdalla Almansor traduisit ces Fables de Persien en Arabe par l'ordre d'Abougiafar Almansor Abbasside.

Cette troisiéme Traduction fut suivie d'une quatriéme Persienne par le commandement

AVERTISSEMENT.

de Nasre ben Ahmad, Nasralla ben Mouhammad ben Abdelhamid traduisit aussi ces Fables en Langue Persienne; & cette derniere Traduction l'emporta sur les autres. C'est sur elle que nous avons fait la nôtre. Ceux qui savent les differentes Versions Greques, Siriaques & Arabiques de la Bible, d'Aristote, d'Euclide & de Ptolomée, ne seront pas surpris de celles de ce Livre : Ils l'estimeront davantage, puisque les frequétes Traductions sont des marques seures de l'excellence d'un Ouvrage. Aussi le sçavant Bezourg Ommid dans les réponses qu'il fait à Cosrou sur les doutes les plus embarrassez & les questions les plus difficiles,

AVERTISSEMENT.

se servant de ces Fables, en fait voir l'utilité.

Il n'est pas besoin de faire un long discours sur cette methode d'enseigner par Paraboles, puisque le Sauveur du monde même l'a pratiquée envers ses Apôtres, auxquels l'Evangile nous aprend qu'il les expliquoit en particulier. Avant ce tems-là, l'exemple des Arbres, qui se vouloient choisir un Roi, raporté dans le 2. des Rois, peut fermer la bouche aux plus opiniâtres. Les Juifs ont si bien continué cette maniere de se faire entendre, qu'elle ne peut estre ignorée que de ceux qui n'ont point vû les Livres Juifs: Dans le Thalmud, Berechit, Rabba, Zohar, &c. ils font par-

AVERTISSEMENT.

ler les Eaux, les Montagnes, les Arbres, & les Lettres mesmes, comme Rabbi Akuiba : ce qui a été imité par Lucien dans son δίκη φωνηέντων. Les autres Peuples de l'Orient ont suivi l'exemple des Hebreux. Les Indiens ont nostre Pilpay, & les Paraboles de Sandaber Indien, qui nous restent encore en Hebreu, & sur qui nos François ont pris le Roman des sept Sages de Rome : Les Egyptiens & les Nubiens ont Locman le plus ancien de tous, puisque Mirkond en son premier Volume le met du tems de David. Les Arabes ont un gros Livre de ses Apologues, qui est en grande reputation parmi eux; leur Autheur a esté

AVERTISSEMENT.

loüé par leur faux Prophete.

Les Grecs ont suivi les Orientaux ; Je dis suivi, puisque les Grecs confessent eux-mesmes qu'ils ont apris cette sorte d'érudition d'Esope, qui estoit Leuantin, & dont la vie écrite par le Moine Planudes, est la mesme que celle de Locman ; Jusques là qu'on admirera le present que Mercure fait de la Fable à Esope dans Philostrate : Les Anges le font à Locman de la Sagesse dans Mirkond. On laisse au Lecteur ces remarques à faire, & on se contente de dire encore, qu'une des raisons qui obligent les Orientaux à se servir de Fables quand ils donnent des conseils, c'est que la plus-

AVERTISSEMENT.

part des Monarchies de l'Orient estant despotiques, & les Sujets par consequent ne se voyant pas libres; comme ces Peuples sont ingenieux, ils ont trouvé ce moyen de pouvoir, sans exposer leur vie, donner des avis à leurs Rois, qui les traitent en esclaves, & qui ne leur laissent pas la liberté de dire ce qu'ils pensent.

TABLE

TABLE.

Ce qui a donné occasion à ce Livre, & par qui il a esté composé. page 1

Histoire de Dabschelim & de Pilpay. page 8

I. Fable. *Du Pigeon voyageur.* page 23

II. Fable. *Du Faucon & du Corbeau.* p. 33

III. Fable. *Du Chat gourmand & ambitieux* p. 36

IV. Fable. *D'un pauvre homme dont le fils devint Roy.* p. 41

V. Fable. *Du Leopard & du Lyon.* p. 46

CHAPITRE I.

Il faut viter les discours des flateurs & des médisans. p. 54

TABLE

I. Fable. *D'un Marchand, & de ses enfans débauchez.* p. 55

II. Fable. *D'un Roy, & de ses deux fils.* p. 58

III. Fable. *D'un Derviche, d'un Faucon, & d'un Corbeau.* p. 63

IV. Fable. *D'un Laboureur, & de plusieurs Rats.* p. 65

V. Fable. *D'un Menuisier & d'un Singe.* p. 71

VI. Fable. *De deux voyageurs, & d'un Lion de pierre blanche.* p. 73

VII. Fable. *D'un Renard & d'une Poule.* p. 85

VIII. Fable. *D'un Moine qui sortit de son Convent.* p. 90

IX. Fable. *D'un Moineau & d'un Epervier.* p. 102

X. Fable. *D'un Roy qui de tyran qu'il estoit, devint doux & juste.* p. 107

XI. Fable. *D'un Corbeau, d'un Renard, & d'un Serpent.* p. 110

XII. Fable. *D'une Grüe, & d'une Ecrevisse.* p. 111

TABLE

XIII. Fable. *D'un Lapin, d'un Renard & d'un Loup.* p. 116

XIV. Fable. *D'un Lion & d'un Lapin.* p. 120

XV. Fable. *De deux Pescheurs, & de trois Poissons.* p. 127

XVI. Fable. *D'un Scorpion, & d'une Tortuë.* p. 130

XVII. Fable. *D'un Faucon, & d'une Poule.* p. 136

XVIII. Fable. *D'un Rossignol, & d'un Paysan.* p. 139

XIX. Fable. *D'un Chasseur, d'un Renard, & d'un Leopard.* p. 141

XX. Fable. *D'un Loup, d'un Renard, d'un Corbeau, & d'un Chameau.* p. 144

XXI. Fable. *De l'Ange dominateur de la Mer, & de deux Oiseaux apellez Titavi.* p. 151

XXII. Fable. *D'une Tortuë, & de deux Canards.* p. 153

XXIII. Fable. *De deux garçons Marchands, dont l'un estoit rusé, & l'autre sans malice.* p. 158

ẽ ij

TABLE.

XXIV. Fable. *D'une Grenoüille, d'une Ecrevice, & d'un Serpent.* p.163.

XXV. Fable. *D'un Iardinier, & d'un Ours.* p. 166

XXVI. Fable. *D'un Marchand & de son ami.* p.169

CHAPITRE II.

Comme un méchant finit mal. p.175

I. Fable. *D'un Renard, d'un Loup, & d'une Poule.* p. 177

II. Fable. *D'un Asne & d'un Iardinier.* p. 179

III. Fable. *D'un Prince & de son Ecuyer.* p.183

IV. Fable. *D'un Hermite qui quitta les deserts pour aller vivre à la Cour.* p. 188

V. Fable. *D'un aveugle qui voyageoit avec un de ses amis.* p.193

VI. Fable. *D'un bon Religieux, & d'un Derviche.* p.199

VII. Fable. *D'une femme coquet-*

TABLE

te, & d'un Peintre. p. 206

VIII. Fable. *De trois envieux qui trouverent de l'argent.* p. 210

IX. Fable. *D'un Medecin ignorant.* p. 218

X. Fable. *D'une Femme vertueuse, & d'un Valet impudent.* p. 227

CHAPITRE III.

Comme il faut se faire des amis, & quels avantages on peut tirer de leur commerce. p. 255

I. Fable. *D'un Corbeau, d'un Rat, d'un Pigeon, d'une Tortuë, & d'une Gazelle.* p. 236

II. Fable. *D'une Perdrix, & d'un Faucon.* p. 243

III. Fable. *D'un Homme & d'une Couleuvre.* p. 248

IV. Fable. *Des avantures de Zirac.* p. 258

V. Fable. *D'un mari, & de sa femme.* p. 261

VI. Fable. *D'un Chasseur, &*

TABLE

d'un Loup. p. 263
VII. Fable. *D'un Chat gourmand.* p. 270
VIII. Fable. *De deux Amis.* p. 273

CHAPITRE IV.

Comme il faut toûjours se défier de ses ennemis, & sçavoir parfaitement tout ce qui se passe chez eux. p. 283
I. Fable. *Des Corbeaux, & des Hiboux.* p. 284
II. Fable *D'un Roy, & de sa Maitresse.* p. 291
III. Fable. *De l'origine de la haine des Corbeaux & des Hiboux.* p. 297
IV. Fable. *Des Elephans & des Lapins.* p. 300
V. Fable. *D'un Chat & d'une Perdrix.* p. 307
VI. Fable. *D'un Derviche & de deux voleurs.* p. 311
VII. Fable. *D'un Marchand, de sa*

TABLE

femme, & d'un voleur. p. 318
VIII. Fable. *D'un Derviche, d'un voleur, & du diable.* p. 321
IX. Fable. *D'un Menuisier & de sa femme.* p. 325
X. Fable. *Des Singes & des Ours.* p. 332
XI. Fable. *D'une Souris qui fut changée en Fille.* p. 345
XII. Fable. *D'un Serpent & des Grenoüilles.* p. 349

Fin de la Table.

FAUTES.

Page 21. ligne 25. *lisez* jugez. P. 32 l. 1. *lisez* ne se font. P. 54. l. 10. *lisez* l'apologue. P. 76. l. 22. *lisez* d'en. P. 80. l. 18. *lisez* ni sincere. P. 118. l. 22. *lisez* dans le piege. P. 162. l. 21. *lisez* ta fourberie. p. 173. l. 25. *lisez* apuy. p. 192. l. 15. *lisez* les douceurs. p. 215. l. 25. *lisez* je veux en estre couvaincu. p. 234. l. 8. *lisez* on confronta. l. 25. *lisez* cueillir.

Extrait du Privilege du Roy.

PAr grace & Privilege du Roy, donné à Paris le 21. jour de Decembre 1697. Signé, Par le Roy en son Conseil, LOUVET, & scellé du grand Sceau de cire jaune : Il est permis à PIERRE DELAULNE Imprimeur-Libraire, d'imprimer ou faire imprimer, vendre & debiter un Livre intitulé, *Les Fables de Pilpay Philosophe Indien*; & ce pendant le tems de huit années : Avec défenses à tous Imprimeurs, Libraires & autres personnes d'imprimer ou faire imprimer, vendre, debiter & contrefaire ledit Livre pendant ledit temps, sous quelque pretexte que ce soit, à peine de trois mil livres d'amende, &c.

Registré sur le Livre de la Communauté des Imprimeurs & Libraires de Paris, le ving-septiéme jour de Decembre 1697.
Signé, P. AUBOÜYN, Syndic.

Et ledit Pierre Delaulne a fait part dudit Privilege à Claude Barbin aussi Libraire à Paris.

Achevé d'imprimer pour la premiere fois, le trente Ianvier 1608.

FABLES

FABLES INDIENNES
DE
PILPAY,
OU
LA CONDUITE
DES ROIS.

Ce qui a donné occasion à ce Livre, & par qui il a été composé.

LES Historiens raportent qu'anciennement, vers les confins de la Chine, il y avoit un Roi, dont la gloire, aussi-bien que les vertus étoient repanduës par tout le monde. Les plus grands Prin-

A

ces de la terre, étoient soûmis à ses commandemens; il étoit suivi comme un Feridoun, logé comme un Gemschid, puissant comme un Alexandre, & armé comme un Dara, ou Darius. Son Conseil étoit composé de personnes de probité & d'érudition. Ses richesses étoient immenses, ses troupes nombreuses, & lui-même étoit vaillant & juste. Les rebelles éprouvoient sa colere, les Soldats imitoient sa vaillance, sa Justice aneantissoit les Tyrans, & sa bonté secouroit les misérables. Enfin sous l'Empire de Humayon-fal, c'est ainsi que se nommoit ce bon Roi, les peuples vivoient trés-heureux, par la recherche exacte qu'il faisoit des méchans, & par le soin qu'il avoit de les faire punir, comme ennemis du repos public.

La Justice doit estre la regle des actions d'un Roy dont le Royaume est la demeure de Dieu; s'il ne rend Justice, qu'il se résolve à la perte de son Etat.

Ce Roi avoit un Visir, ou premier Ministre qui aimoit le peuple comme un vrai Pere. Il étoit misericordieux, & ses conseils comme des flambeaux éclairoient les choses les plus obscures de l'Etat. Son nom étoit Khogesteh-raï, c'est-à-dire *Heureux Conseil*, à cause que par l'adresse de son esprit il avoit rendu ce Royaume heureux ; de sorte que le Roy n'entreprenoit rien sans le consulter. Il faut tout faire avec conseil, rien ne réussit autrement.

Un Jour le Roi monta à cheval pour aller à la chasse, le Visir le suivit : après les plaisirs de cet exercice, ce Prince voulut retourner à son Palais ; mais l'ardeur du Soleil étoit si grande, que le Roy dit au Visir qu'il étoit impossible de la suporter. Le Visir répondit, que s'il plaisoit à sa Majesté, elle iroit au pied de la montagne où il faisoit fort beau, & que là ils laisseroient passer la chaleur du jour. Le Roi suivit ce conseil, & en peu de tems ils arriverent au lieu proposé. La fraicheur de cet endroit causée par l'ombrage de plusieurs arbres, que la nature sembloit avoir pris plaisir à planter au bord des fontaines, leur fit oublier la chaleur qu'ils avoient soufferté en chemin. Le Roy trouvant ce lieu trés-agréable, mit pied à terre, s'assit sur la verdure, & s'occupant à contempler les ouvrages de Dieu, il admira dans tout ce qui s'offrit à sa vûë ce peintre inimitable.

Comme il regardoit de tous costez, il aperceut un tronc d'arbre, qui par sa pourriture montroit son antiquité, & dans lequel il y avoit des abeilles qui faisoient du miel. Il demanda au Visir ce que c'étoit que ces petits animaux? O Monarque Souverain, répondit le Visir, ce sont de petits animaux de grand profit, & qui font peu de mal. Ils ont un Roy parmi eux, qui se nomme Jasoub ; il est plus gros que les autres, & ils luy obeïssent tous. Il fait sa résidence sur un quarré de cire. Il a un Visir, des Portiers, des Sergens, & des Gardes ; & l'industrie de tous ses Officiers est telle, qu'ils se sont fait chacun une petite chambre de cire exagone ; de sorte que les angles ne sont point differens les uns des autres, mais si justement faits que le Géometre le plus expert ne les pourroit mieux regler. Les petites chambres achevées, le Visir prend d'eux (en leur langage) le serment de fidelité, qui est de ne se soüiller jamais. Selon cette promesse, ils ne se mettent que sur des branches de Roziers, & sur des fleurs odoriferantes ; de sorte que ce qu'ils mangent est digeré en peu de tems, & se change en une matiere douce. Lors qu'ils reviennent au logis, les portiers les sentent : s'ils n'ont point une mauvaise odeur, ils leur permettent l'entrée; & s'ils en ont, ils les tüent : Et si par mégarde ils en laissent entrer quelqu'un de mauvaise odeur, & que le Roy vienne à le sentir, il fait venir les portiers, & les fait mourir avec luy. Que si quelque mouche étrangere veut entrer dans leur logis, les portiers s'y opposent; & si elle veut entrer par force, elle est mise à mort. Les Historiens disent, que Gemschid n'a appris que de ces animaux à faire sa maison, à avoir des Visirs, des Portiers, des Gardes, & autres Officiers.

Lors que le Roi eut entendu ce discours, il s'approcha de l'arbre, s'arrêta à voir ces animaux s'acquiter de leurs devoirs; & aprés les avoir bien consideré, il admira cette societé, si bien réglée.

Son Visir le voyant ainsi ravi d'étonnement : Sire, lui dit-il, tout ce bel ordre ne dépend que du conseil, & de la conduite des Ministres sages, affectionnez à leurs Princes, & amateurs du repos public ; moyennant quoy un Empire est toûjours florissant. En cela il faut suivre l'exemple du grand Dabschelim Indien, qui abandonnoit le gouvernement de son Royaume aux bons conseils du sage Pilpay Bramine : en sorte que par la bonté de l'esprit de ce Ministre, il regna paisiblement pendant sa vie, & laissa à la posterité une heureuse mémoire de son nom.

Quand le Roi eut oüi prononcer le nom de Dabschelim, & de Pilpay. Il sentit en lui-même des mouvemens d'une joïe extraordinaire. Il y a long-tems, dit-il, au Visir que j'ay soûhaité avec passion d'entendre l'Histoire du gouvernement de ce Bramine, sans avoir pu me satisfaire ; maintenant je rens graces à Dieu, de ce que mon désir peut être accompli. Je vous prie donc de me la raconter, afin que ses conseils soient utiles au public, & au particulier. Le Visir commença de cette sorte :

HISTOIRE
de Dabschelim & de Pilpay.

J'Ay appris de gens d'esprit, & de sçavoir, que dans une des villes des Indes, qui en étoit la Metropolitaine, régnoit un Prince dont les Ministres éclairez rendoient par leurs conseils les Sujets heureux, & faisoient reussir les justes desseins de leur Prince. Il étoit ennemi juré des oppressions, & les méchans ne faisoient pas leurs affaires dans ses Etats, parce qu'ils étoient rigoureusement châtiez. Ce Roy se nõmoit *Dabschelim*, (nom très-convenable à un tel Prince, puis qu'en leur langue, il signifie (*Grand Roi*.) Il étoit si puissant, qu'il n'entreprenoit que des choses extraordinaires. Son armée étoit composée de dix mille Elephans; à l'égard des hommes vaillans & experimentez, ils étoient en grand nombre, aussi bien que ses trésors. Tout cela le rendoit redoutable à ses ennemis, & procuroit le repos à ses peuples, dont il prenoit lui-même un soin particulier, écoutant leurs differens avec plaisir, vuidant leurs querelles, & se faisant l'arbitre de leurs disputes, sans avoir égard à sa grandeur & à sa magnificence. Il n'abandonnoit jamais les interêts du peuple, & mettoit toûjours leurs affaires entre les mains des justes. Aprés avoir donné un si bel ordre à son Etat, il vivoit en repos, & passoit son tems heureusement. Un jour aprés s'être entretenu de diverses sciences, il se mit sur un lit pour donner quelque relache à son esprit. Ce qu'il n'eût pas plûtôt fait, qu'il vit en songe, une figure pleine de lumiere & de Majesté, qui lui dit: Vous avez fait aujourd'hui une bonne action pour l'amour de Dieu, vous en serez recompensé: Demain à la pointe du jour, montés à cheval, & allés du côté de l'Orient, un tresor inestimable vous y attent, par le moyen duquel vous excellerez en tout sur le reste des hommes. Dabschelim s'éveilla aussi tôt, & se mit à faire des reflexions sur ce tresor.

A la pointe du jour, il monta sur un de ses plus beaux chevaux qu'il avoit fait harnacher de selles d'or, & de brides émaillées, & prit sa route vers l'Orient. Il passa par divers lieux habitez, & arriva enfin dans les déserts, où considerant la campagne, & jettant les yeux de tous côtez pour découvrir ce bonheur attendu, il aperceut une montagne fort haute, dont le sommet passôit les nuës, & au pied de laquelle il y avoit une caverne fort obscure, & noire comme le cœur des méchans. Il vit dedans un homme assis, dont le seul aspect montroit assès l'austerité de sa vie. Le Roi eut grande envie de l'aborder ; le vieillard reconnoissant son intention, rompit le silence, & luy dit : Sire, quoique ma petite cahute n'ait point de raport avec vôtre superbe Palais, cependant c'est une coûtume ancienne, que les Rois par leurs bontez, visitent les pauvres ; Le regard des grands sur les pauvres, augmente leur grandeur; Salomon tout plein de sa splendeur & de sa magnificence, ne laissoit pas de considerer les petites fourmis. Dabchelim agréa l'honnêteté du vieillard, & descendit de cheval pour l'entretenir. Aprés avoir parlé de diverses choses, le Roy voulut prendre congé du vieillard, qui lui fit ce compliment : Sire, il n'appartient pas à un pauvre homme comme moi, de presenter quelque rafraichissement à un puissant Roi comme vous; mais j'ay un present (si vôtre Majesté l'agrée) qui m'est resté de la succession de mon Pere, & qui vous est destiné. Ce present est un tresor que j'ai ici prés; si vôtre Majesté le trouve bon, commandez à vos Serviteurs de le chercher. Dabchelym entendant cela, raconta son songe au bon homme qui se réjouit fort de ce que sa volonté se trouvoit conforme à celle de Dieu.

Le Roy donc commanda à ses Serviteurs de chercher ce trésor au tour de la caverne : en peu de tems ils découvrirent ce qu'ils cherchoient, & montrerent au Roy plusieurs caisses & coffres remplis d'or, d'argent & de pierreries; &

entre tous ces coffres, se trouva une cassete d'or émaillée, qui étoit clouée avec plusieurs barres de fer, & environnée de plusieurs cadenas, dont les clefs ne se trouvoient point, quelque recherche que l'on en pût faire, & quelque soin que l'on y pût apporter. Cela augmenta la curiosité du Roi : Il faut, dit-il, qu'il y ait là dedans quelque chose de plus excellent que des pierreries, puisqu'on l'a si fortement & si curieusement fermé. Il commanda de faire venir un Serurier, & fit rompre la cassete, dans laquelle se trouva une autre cassete d'or, couverte de pierreries enchassées, & dans celle-là, une petite boëte, que le Roi se fit donner. L'ayant prise, il l'ouvrit, & trouva une piece de satin blanc, sur lequel étoient écrites quelques lignes en langue Syriaque. Dabchelim en fut étonné, & dit, qu'ést-ce que cela peut signifier ? Les uns disoient que c'étoit le nom du maître de ce trésor, les autres que c'étoit un Talisman, pour la conservation du trésor. Aprés qu'un chacun eut dit son opinion, celle du Roi fût de faire venir quelqu'un qui donnât l'interprétation de cet écrit. Aprés avoir bien cherché, on trouva un homme sçavant dans les langues étrangeres : on le présenta au Roi, qui lui dit en le carressant: Je désire que vous m'expliquiez en termes intelligibles, ce qui est contenu dans ce latin. Cet homme aprés avoir lû l'écrit, répondit au Roi : Sire, ce sont des exhortations, & voici ce qu'elles contiennent:

Moy Roy Houschenk, j'ai mis ce tresor ici pour le grand Roi Dabchelim, ayant appris par révelation divine que ce trésor luy étoit destiné : Mais parmi ces pierreries, j'ai caché un Testament en forme d'instruction, par la lecture duquel, il verra que les gens d'esprit ne doivent pas se laisser éblouïr par l'éclat des tréfors. Les richesses ne sont que comme des choses empruntées, qu'il faut rendre à nos succesfeurs tôt ou tard. Les plaisirs de ce monde qui sont si charmans, sont-ils éternels? Ce Testament est un abregé, pour regler la conduite des Rois, & il faut qu'un Roy sage suive ses instructions. Quiconque les méprisera, & ne les voudra pas suivre, selon le contenu en ces quatorze Chapitres, qu'il s'assûre de la perte de son Empire.

Le premier avertissement est, qu'il ne chasse point ses domestiques par la solicitation d'autrui, parce que celui qui approche des Rois, ne manque point d'envieux & de jaloux de son bonheu, qui dés qu'ils voyent que le Roi a pour luy quelque affection, ne cessent point de faire ensorte de le luy rendre odieux, en inventant mille calomnies.

Le second, qu'il ne souffre jamais en sa compagnie, les flateurs, & les médisans, parce qu'ils ne cherchent que des querelles. Il vaut beaucoup mieux exterminer de telles gens, afin que la Société humaine n'en soit point troublée.

Le troisiéme, qu'il entretienne toûjours ses Grands & ses Ministres en bonne intelligence, afin que d'un commun consentement ils travaillent à la conservation de l'Etat.

Le quatriéme, qu'il ne se fie jamais aux sûmissions de ses ennemis. Plus ils témoigneront d'affection, & feront de protestations de service, plus faut-il se défier de leurs artifices. On ne peut faire aucun fonds sur l'amitié d'un ennemi, il faut s'éloigner de lui, lors qu'il vient avec un visage d'ami, comme on éloigne le bois sec d'un feu bien allumé.

Le

Le cinquiéme, quand on a une fois acquis ce qu'on a beaucoup recherché, il le faut conserver soigneusement, puis qu'on n'a pas tous les jours les mêmes moyens de l'acquerir ; & quand nous n'avons pas conservé ce que nous avions acquis, il ne nous reste que le déplaisir de l'avoir perdu. On ne peut faire revenir la fleche qui est une fois décochée, quand même on mangeroit ses doigts de regret.

Le sixiéme est, qu'il ne faut jamais se précipiter dans les affaires, mais au contraire, avant que d'éxecuter une entreprise, il l'a faut peser & examiner. Les choses précipitées sont toûjours nuisibles. On peut faire ce qui n'a pas encore été fait ; mais on se répent inutilement d'avoir mal fait.

Le septiéme, qu'il ne faut jamais méprifer le conseil, & la prudence. S'il est besoin de faire amitié avec quelques ennemis, pour se délivrer de leurs mains, il le faut faire sans differer.

Le huitiéme, qu'il faut éviter la compagnie des dissimulez, & ne point écouter leurs flateries; puis qu'ils n'ont dans leur sein, que des plantes d'inimitié, ils ne peuvent donner du fruit d'amitié, mais plûtôt de haine.

Le neuviéme est, d'avoir la miséricorde en recommendation, & de ne point châtier les domestiques pour une petite faute commise par infirmité : car un Roi miséricordieux en terre, est comme un Ange dans le Ciel. Il faut considerer la foiblesse des hommes, & par bonté & charité, cacher leurs défauts. Les Sujets ont toûjours fait des fautes, & les Rois ont toujours pardonné.

Le dixiéme est, de ne procurer du mal à personne, il faut au contraire faire le plus de bien qu'on pourra. Si vous faites du bien, on vous en fera, & si vous faites du mal, tout de même.

L'onziéme est, de ne rechercher rien qui soit contraire à sa dignité. Il se trouve beaucoup de personnes qui laissent leurs affaires, & vont chercher celles d'autrui, à la fin ils ne font rien du tout. Le Corbeau vouloit apprendre la démarche de la Perdrix, il ne put en venir à bout, & oublia la sienne.

Le douziéme est, d'avoir une humeur douce, & affable. La douceur dans la societé, est comme le sel en matiere de viande ; l'un assaisonne les vivres, & l'autre contente un chacun. L'épée de fer est moins trenchante que celle de la douceur, elle surmonte des armées invincibles.

Le treiziéme est, d'avoir des serviteurs fideles, & de ne donner jamais entrée chez soi aux trompeurs. Par ce moyen, le Royaume sera en seureté, & les secrets du Roi ne seront point revelez.

Le quatorziéme, & le dernier est, de ne se point inquieter des accidens de ce monde. Un homme d'esprit souffre toutes les adversitez, & se repose sur la Providence de Dieu. Un fou ne cherche que les passe-tems & les plaisirs.

Il y a plusieurs Histoires sur chacun de ces chapitres. Si le Roi les veut entendre, il faut qu'il s'en aille du côté de la montagne de Serandib, qui étoit le lieu du séjour de nôtre Pere Adam, & là, toutes ses difficultez luy seront expliquées & ses intentions accomplies. Dieu nous donne la paix.

Aprés que ce sçavant homme eut fait cette lecture, Dabchelim l'embrassa, & ayant repris cette piece de satin, avec respect, il l'attacha à son bras, en disant : On m'avoit promis un trésor mondain, & j'ai trouvé un trésor de secrets; Dieu m'a fait la grace d'avoir assez de biens. Et aussi-tôt, il fit distribuer l'or & l'argent aux pauvres, afin que cette charité servît pour le repos de l'ame du Roy Houschenk; aprés cela, il retourna à sa Capitale, & rentra dans son Palais. Toute la nuit il ne fit que songer au voyage qu'il devoit faire en Serandib.

Le lendemain, aprés le Soleil levé Dabchelim commanda que l'on fit venir deux de ses principaux Ministres, en qui il avoit grande confiance : Il leur découvrit son songe, & ce qui lui étoit arrivé en suite; & leur déclara qu'il avoit envie de faire le voyage de Serandib. Il y a long-tems, leur dit-il, que je fais toutes mes entreprises par conseil, aujourd'hui même, je veux bien m'en raporter à vous sur tout ce que je viens de vous dire de mon voyage, dites moi ce que vous jugez à propos que je fasse sur ce sujet. Les Visirs demanderent au Roi le reste du jour, & la nuit suivante, pour examiner l'affaire, & lui rendre réponse. Dabchelim leur accorda cette demande, & le lendemain ils vinrent trouver le Roi ; chacun ayant pris sa place, ils attendirent que le Roi leur fît signe pour parler. Dés qu'ils eurent reçû cette permission, le grand Visir mit les genoux en terre, & aprés avoir donné à sa Majesté les loüanges ordinaires, il commença de cette sorte :

Sire, il me semble que ce voyage sera plus penible que profitable; parce que qui entreprend des voyages, renonce en même-tems à toute sorte de repos. Vôtre Majesté n'ignore pas les dangers, & les hazards qui se rencontrent par les chemins. Il faut donc qu'un homme d'esprit ne change pas son repos en inquietude, & qu'il se souvienne de la Fable du Pigeon voyageur, & des dangers qu'il courut. Le Roy voulut sçavoir cette Fable.

FABLE

Du Pigeon voyageur.

SIRE, dit le Visir, il y avoit deux Pigeons qui vivoient heureux dans leurs nids, à couvert de toutes les injures du tems, & contens d'un peu d'eau & de grain. C'est un trésor d'être dans la solitude, lorsque l'on y est avec son ami ; & l'on ne perd point à quitter pour lui toutes les autres compagnies du monde ; mais il semble que le destin n'ait autre chose à faire dans ce monde, que de séparer les amis. L'un de ces Pigeons se nommoit l'Aimé, & l'autre l'Aimant. Un jour l'Aimé eut envie de voyager, il communiqua son dessein à son compagnon. Serons-nous toujours enfermez dans un trou, luy dit-il? pour moy j'ay résolu d'aller quelque jour par le monde; dans les voyages, on voit tous les jours des choses nouvelles, on acquiert de l'expérience; & les grands ont dit, que les voyages étoient des moyens pour acquerir les connoissances que nous n'avons pas. Si l'épée ne sort de son fourreau, elle ne peut montrer sa valeur; & si la plume ne fait sa course sur l'étenduë d'une page, elle ne montre point son éloquence. Le Ciel, à cause de son perpetuel mouvement est au dessus de tout, & la terre sert de marchepied à toutes les creatures, parce qu'elle est immobile. Si un arbre pouvoit se transporter d'un lieu en un autre, il ne craindroit pas la scie ni la coignée, & ne seroit pas exposé aux mauvais traitemens des bucherons. Cela est vray, luy dit l'Aimant. Mais, mon cher compagnon,

pagnon, vous n'avez jamais souffert les fatigues des voyages, & vous ne sçavez ce que c'est que d'estre dans les pays estrangers. Le voyage est un arbre qui ne donne pour tout fruit que des inquietudes. Si les fatigues des voyageurs sont grandes, répondit l'Aimé, elles sont bien récompensées par le plaisir qu'ils ont de voir mille choses rares; & quand on s'est accoûtumé à la peine, on ne la trouve plus étrange. Les voyages, reprit l'Aimant, ne sont agreables que lors qu'on les fait avec ses amis: car quand on est éloigné d'eux, outre qu'on est exposé aux injures du tems, on a la douleur encore de se voir separé de ce qu'on aime: Ne quittez donc point un lieu où vous estes en repos, & l'objet que vous aimez. Si ces peines me paroissent insuportables, repartit l'Aimé, en peu de tems je seray de retour. Aprés cette conversation ils s'embrasserent, se dirent adieu, & se séparerent. L'Aimé sortit de son trou comme un oiseau qui s'échape de la cage : il prit plaisir à regarder les montagnes & les jardins; & quand il fut arrivé au pied d'une coline où plusieurs fontaines bordées de beaux arbres arrosoient de charmantes prairies, il resolut de passer la nuit dans un lieu qui ressembloit effectivement au paradis terrestre : mais à peine estoit-il posé sur un arbre, que l'air s'obscurcit, les éclairs bientost commencerent à fraper la vûë, & le tonnerre fit retentir toute la campagne. La pluye & la grefle faisoient voltiger de branche en branche ce pauvre Pigeon, qui ne sçavoit où se mettre pour éviter les coups qu'il recevoit : Enfin il passa si mal la nuit, qu'il se repentit déja d'avoir quitté son camarade. Le lendemain matin, le Soleil ayant dissipé les nuages, l'Aimé partit pour retourner chez luy ; mais un Epervier qui avoit bon apetit aperceut nostre voyageur, & vola vers luy à tire d'aisle. A cette vûë le Pigeon tremblant, desespera de revoir jamais son amy, & regretant de n'avoir pas suivi ses conseils, protesta que s'il pouvoit échaper de ce peril, il ne songeroit jamais à voyager. Cependant l'Epervier le joignit, & il estoit sur le point de le mettre en pieces, lors qu'un Aigle affamé, & devant qui rien ne pouvoit se sauver, vint fondre sur l'Epervier, en luy disant : laisse-moy manger ce pigeon, en attendant que je trouve quelque chose de plus solide ; l'Epervier qui avoit autant de cœur que de faim, ne voulut pas ceder à l'Aigle, & ces deux Oiseaux volerent l'un contre l'autre : le Pigeon cependant s'échappa de leurs griffes, & remarquant un trou qui estoit si petit qu'à peine un moineau y au-

C ij

roit pû entrer, il se glissa dedans, & y passa la nuit avec une extréme inquietude. Il en sortit à la pointe du jour; mais la faim l'avoit rendu si foible, qu'il ne pouvoit quasi voler. Il n'estoit pas encore bien revenu de la frayeur qu'il avoit euë le jour précedent, & il regardoit de tous côtez si l'Epervier ou l'Aigle ne paroissoient point; lors qu'il vit dans un champ un pigeon auprés duquel il y avoit beaucoup de grain; l'Aimé s'en aprocha avec confiance: mais il n'eut pas plûtost bequété quelques grains, qu'il se sentit arresté par les pieds. Les plaisirs de ce monde sont des pieges que le diable nous tend.

Frere, dit l'Aimé au pigeon, nous sommes d'une mesme espece. Pourquoy ne m'as-tu pas averti de cette perfidie, j'aurois pris garde à moy, & ne serois pas tombé dans ces filets. L'autre luy répondit: Cesse de me tenir ce langage, personne ne peut prevenir son destin, & toute la prudence humaine ne peut garantir d'un accident inévitable. Enfin l'Aimé le pria de luy enseigner quelque expedient pour sortir de cet embaras, disant qu'il luy en auroit une obligation eternelle. O innocent, luy répondit l'autre, si je sçavois quelque moyen, je m'en servirois pour me délivrer moy-mesme, & je ne serois pas cause de la prise de mes semblables. Tu ressembles à ce petit Chameau qui las de marcher, disoit à sa mere en pleurant : O mere sans affection, au-moins arreste un peu, que je prenne haleine pour me délasser ; sa mere luy répondit : O fils sans consideration, ne vois-tu pas que ma bride est entre les mains d'un autre : si j'estois libre, je jetterois le fardeau que je porte, & je te soulagerois. Enfin le desespoir prêta des forces à nostre voyageur, qui se tourmenta de telle sorte, qu'il rompit le filet qui tenoit son pied ; & profitant de ce bonheur inesperé, il s'envola du costé de sa patrie. La joye qu'il eut d'estre échappé d'un si grand peril, luy fit oublier la faim. En volant, il passa par un village, & se mit sur une muraille, qui estoit vis-à-vis d'un champ qu'on avoit nouvellement semé, un paysan qui gardoit ses grains, de peur que les oyseaux ne les vinssent manger, appercevant le pigeon, mit une pierre dans sa fronde, & la jetta au pauvre pigeon qui ne songeoit à rien moins qu'à cela. Il fut frappé si rudement, qu'il tomba tout étourdi dans un puits qui estoit au pied de la muraille. Ce puits estoit si profond qu'en 24. heures on n'eût pû descendre jusqu'au fonds avec une corde ; si bien que le paysan ne pouvant en retirer sa proye, la laissa dedans, & n'y pensa plus. Le pigeon y resta pendant une nuit, le cœur triste, & l'aisle à demi rompuë. Il regretta un million de fois l'heureux séjour de son ami. Cher séjour, disoit-il, où je voyois un objet que je ne devois jamais quitter : que puis-je faire pour te revoir. Le lendemain pourtant il fit de si grands efforts qu'il sortit du puits, & il arriva enfin auprés de son nid.

L'Aymant entendant le bruit de l'aile de son compagnon, vola avec une extrême joye au devant de luy ; mais le voyant si foible & si abbatu, il luy en demanda la cause. L'autre luy raconta toutes ses avantures, en protestant de n'y retourner jamais, & de ne faire plus de voyages.

J'ay raporté cet exemple à V. M. afin qu'Elle ne prefere pas le repos dont elle joüit, aux incommoditez des voyages. Sage Visir, dit le Roy, il est vray que les voyages ne font pas fans peine ; mais il eſt vray auſſi qu'on en tire de grands profits, & d'utiles connoiſſances. Si un homme ne ſortoit jamais de chez luy, il ſeroit privé de la vûë & de la joüiſſance d'une infinité de belles choſes. Les Faucons ſont honorez parce qu'ils ſont ſouvent ſur la main des Rois, & qu'ils quittent la vie oiſive qu'ils menoient dans leurs nids ; & au contraire, les Hibous ſont mépriſez, parce qu'ils ſont toûjours dans des ruines & dans les tenebres, & qu'ils ſe plaiſent à mener une vie retirée. Il faut s'élever comme le Faucon, & ſe promener, & non pas eſtre caché cõme le Hibou. Quiconque voyage, ſe rend agreable à tout le mõde, & les gens d'eſprit ſe plaiſent à l'entretenir. Il n'y a rien de plus net que l'eau qui coule, mais lors qu'elle eſt arreſtée & croupie, elle ſe trouble. Si le Faucon qui eſtoit nourri dans le nid d'un Corbeau, ne fût pas sorti pour voyager, il ne seroit pas parvenu à une haute condition. Le Visir pria le Roy de luy conter cette Fable. Ce qu'il fit de la sorte.

FABLE
Du Faucon & du Corbeau.

IL y avoit deux Faucons qui avoient leurs nids dans une montagne fort haute, d'où ils alloient chercher de tous costez de quoy nourrir leurs petits. Un jour qu'ils estoient sortis pour cela, ils demeurerent dehors un peu trop long-tems. Un des petits ayant faim, mit la teste hors du nid & tomba du haut de la montagne en bas : un Corbeau qui estoit en cet endroit le rencontra, & crut d'abord que c'estoit un rat que quelque autre Corbeau avoit laissé tomber ; mais quand il eut reconnu à son bec & à ses serres que c'estoit un Oiseau de chasse, il conceut de l'amitié pour luy; & se representant que Dieu s'estoit servi de luy pour le sauver, il le porta dans son nid, où il l'éleva avec ses enfans. Neanmoins le Faucon croissoit de jour en jour, & dés qu'il fut en âge de faire des reflexions, il dit en luy-même : Si je suis frere de ces Corbeaux, pourquoy suis-je fait autrement qu'eux; & si je ne suis pas de leur race, pourquoy demeurais-je icy. Un jour qu'il songeoit à cela, le Corbeau luy dit : Mon fils, depuis quelque tems je te trouve triste, j'en voudrois bien sçavoir la cause : si tu as du chagrin, ne me le cache pas, je tacheray de te consoler. J'en ignore moy-mesme le sujet, repliqua le Faucon : mais j'ay resolu de vous demander permission de voyager, je croy que cela dissipera ma melancolie. Mon fils, s'écria le Corbeau, tu as formé une entreprise qui te causera bien des peines; le voyage est une mer qui engloutit tout le monde: on ne voyage que pour acquerir du bien, ou parce qu'on ne se trouve pas à son aise chez soy; & nulle de ces deux raisons ne peuvant t'avoir inspiré ce dessein, rends graces à Dieu de ce que rien ne te manque. Tu as un empire absolu sur tes autres freres; tu faits une folie, de quitter un repos asseuré chez toy, pour aller chercher des peines & des inquietudes ailleurs. Le Faucon répondit : Tout ce que vous me dites est vray, & je le prends pour un témoignage de vostre amitié; mais je sens en moy-même quelque chose qui me persuade que la vie que je mene icy n'est pas digne de moy. Alors le Corbeau reconnut que malgré une mauvaise éducation les gens nobles conservent toûjours des sentimens dignes de leur naissance. Il voulut changer de discours, en luy disant : Ce que je dis, porte à la sobrieté, & ce que tu dis n'est causé que par l'avarice. Il faut que tu sçaches que quiconque ne se contente pas de ce qu'il a, ne sçauroit jamais estre tranquile ; & comme je vois que tu n'es pas satisfait de ta condition, & que tu veux t'abandonner à ton ambition, je crains qu'il ne t'arrive ce qui arriva au chat gourmand & ambitieux dont je te vais conter l'histoire.

FABLE

Du Chat gourmand, & ambitieux.

IL y avoit autrefois une vieille femme extrêmement maigre, qui demeuroit dans une petite maison plus obscure que le cœur des fous, & plus reserrée que la main des avares. Elle avoit un chat qui n'avoit jamais vû seulement l'image du pain, ni le visage d'aucun étranger, parce qu'il ne sortoit point, & se contentoit de sentir quelquefois les souris dans leurs trous, ou de voir les marques de leurs pieds sur la poussiere; & si par un bonheur extraordinaire il en attrapoit quelqu'une, il estoit comme un gueux qui découvre un tresor; son visage s'enflammoit de joye, & avec cette proye il passoit une semaine toute entiere, & par un excez d'admiration, il disoit en lui-même, Dieu! est-ce un songe ou une verité? Neanmoins comme cette maison estoit un lieu de famine pour les chats, il se plaignoit toûjours. Un jour mourant de faim, il monta sur le toit de la maison, d'où il aperceut un chat qui se quarroit sur la muraille d'un voisin comme un lion, & se promenoit à pas comptez. Il eſtoit ſi gras qu'il avoit de la peine à marcher. Le chat de la vieille étonné de voir un animal de ſon eſpece ſi gros & ſi gras, fit un cry, & luy dit: Il me ſemble que tu viens du feſtin du Can de Catay, je te conjure de m'aprendre où tu as pris cet embonpoin? A la table du Roy, répondit le chat gras; je me preſente tous les jours à ſa porte à l'heure du dîner, & j'attrape toujours quelque bon morceu qui me ſert de nourriture juſqu'au lendemain. Le chat maigre demanda le chemin, & pria le chat gras de le mener avec lui. Je le veux bien, dit le chat gras, car tu es ſi maigre que tu me fais pitié. Aprés cette promeſſe ils ſe ſeparerent. Le chat maigre retourna dans la chambre de la vieille, à qui il conta toute l'affaire. La vieille eſſaya de le détourner de ſon deſſein, l'avertiſſant de prendre garde d'eſtre trompé : Les souhaits des ambitieux, luy dit-elle, ne peuvent estre comblez que par la terre de leur tombeau. La sobrieté seule enrichit un homme. Il faut aprendre à tous ceux qui voyagent pour assouvir leur ambition, que celuylà ne connoit pas Dieu, & ne luy rend pas les graces qu'il luy doit, qui ne se contente pas de sa fortune. Le chat maigre s'estoit formé une si belle idée de la table du Roy, que ces remontrances judicieuses entroient par une oreille, & sortoient par l'autre. Enfin le jour suivant il partit avec le chat gras pour aler à la porte du Roy; mais devant qu'il y arrivât, le destin luy avoit dressé un piége. Des hommes adroits estoient en embuscade pour tüer une troupe de chats qui le jour precedent avoient causé quelque desordre au dîner du Roy. Le chat de la vieille croyant n'avoir rien à craindre, ne vit pas plûtost un plat de viande, qu'il se jetta dessus; mais en mangeant le premier morceau, une fléche qu'on luy décocha luy perça la poitrine. Le coup qu'il receut ne l'empêcha pourtant pas de s'enfuir. Ah! dit-il, voyant qu'il perdoit tout son sang, si je ne meurs point de cet accident, je ne quitteray jamais mon petit coin & mes souris.

J'ay cité cet exemple pour vous montrer qu'il vaut mieux se contenter de ce qu'on a, que d'aler chercher ce que nous conseille nôtre ambition. Ce que vous dites est bon, répondit le Faucon; mais c'est à faire aux esprits foibles à se tenir toujours dans un petit lieu. Qui desire d'estre Roy, doit faire la conqueste d'un Royaume, & qui veut trouver une Couronne, doit la chercher: Une vie molle & oisive ne convient pas à un grand cœur. Ton entreprise, reprit le Corbeau, ne peut estre executée

cutée facilement : avant que de conquerir un Royaume, il faut en avoir fait les préparatifs. Mes griffes, repliqua le Faucon, sont des instrumens assez capables de faire réussir mon dessein. N'avez-vous jamais entendu l'histoire de ce Guerrier qui par sa seule valeur devint Roy. Le Corbeau l'ayant prié de la luy aprendre, le Faucon parla ainsi :

FABLE.

D'un pauvre homme dont le fils devint Roy.

Dieu voulant tirer de misere un homme qui vivoit dans une extrême pauvreté, luy donna un fils, qui dés sa naissance faisoit voir qu'il seroit quelque jour un grand homme. Cet enfant fut une benediction dans le logis de ce pauvre vieillard, dont le bien aug-

D

mentoit de jour en jour. Ce petit garçon dés son enfance ne parloit que d'épées, d'arcs & de fléches. Son pere l'envoyoit à l'école, & faisoit tout ce qu'il pouvoit pour le mettre dans le goust des Lettres; mais il s'échapoit toujours, & s'amusoit à courir la lance avec les petits enfans. Enfin lors qu'il fut devenu raisonnable, son pere luy dit: Mon fils, tu es presentement hors de l'innocence, & en danger de tomber dans le desordre, si tu te livres à tes passions. Je veux prevenir cet accident par un mariage. Au nom de Dieu, mon pere, répondit le garçon, ne me refusez pas la maitresse dont j'ay fait choix. Où est cette maitresse, demanda le vieillard, & de quelle condition est-elle? La voicy, répondit le garçon, montrant à son pere une fort belle épée: C'est par son moyen que je veux monter sur le trône. Aussi-tost il sortit de la maison paternelle, alla chercher des occasions de signaler son courage, & fit enfin tant d'actions glorieuses, qu'il devint un puissant Roy.

J'ay raporté cet exemple, dit le Faucon au Corbeau, afin que vous sçachiez que je me sens né pour entreprendre de grandes choses; & j'ay un pressentiment que je ne seray pas moins heureux que ce Guerrier : C'est pourquoy je ne quitteray jamais mon dessein. Quand le Corbeau le vit ferme dans cette résolution, il consentit qu'il l'executât, persuadé qu'un cœur si noble ne feroit pas de lâches actions. Le Faucon ayant pris congé du Corbeau, & dit adieu à ses pretendus freres, sortit du nid, & s'envola. Il s'arresta sur une montagne, d'où regardant de toutes parts, il aperceut une perdrix dans les guerets, qui faisoit retentir de son chant toutes les collines des environs. Il s'élança tout d'un coup sur elle, & l'ayant attrapée, se mit à la croquer. Cela ne commence pas mal, dit-il en luy-même; & quand ce ne seroit que pour manger une viande si délicate, il vaut mieux voyager que de demeurer enfermé dans un nid, & se repaître de charognes comme font mes freres. Il passa ainsi trois jours à manger de bons morceaux; mais dés le quatriéme estant encore sur le sommet d'une autre montagne, il vit de loin une troupe de gens qui chassoient : C'estoit le Roy de la Province, avec toute sa Cour. Pendant qu'il les consideroit tous, il vit un Faucon qui poursuivoit un Heron. A cette vûë animé d'une noble émulation, il vole de toute sa force, devance le Faucon des Chasseurs, & joint le Heron. Le Roy admirant cette agilité, commanda à ses Fauconniers d'employer toute leur adresse pour prendre ce Faucon : ce qu'ils firent heureusement pour luy. En peu de tems il gagna si bien l'amitié du Roy, que ce Prince luy faisoit l'honneur de le porter ordinairement sur le poing.

S'il eût toûjours demeuré dans son nid, cette bonne fortune ne luy seroit pas arrivée. Vous voyés par cette Fable que les voyages ne sont pas infructeux: ils réveillent les gens stupides, & les rendent capables de quelque chose de bon. Dabschelim ayant achevé de parler, l'autre Visir aprés avoir fait ses soumissions, & rendu ses devoirs selon la coûtume, s'avança, disant au Roy: Tout ce que Vôtre Majesté a dit est veritable; mais il me semble qu'il n'est pas à propos qu'un grand Roy quitte le repos pour le travail. Les hommes qui ont du courage, répondit le Roy, se plaisent à souffrir les fatigues & les peines. Si les Rois qui sont puissans n'ôtent les épines des rofiers, les pauvres pourront-ils cueillir les roses, & jusqu'à ce que les Princes ayent enduré les incommodités des Campagnes, les peuples dormiront-ils en repos? Personne ne sera en seureté dans tes Etats, lorsque tu ne chercheras que tes aises. Quiconque travaille trouve le repos, comme le Leopard, qui par ses soins & sa diligence acquit ce qu'il desiroit. Le Visir supplia le Roy d'aprendre cette Fable à son esclave.

FABLE
Du Leopard & du Lion.

IL y avoit aux environs de Basfera une Isle fort belle: on y voyoit un bois tres-agreable, on y respiroit un air doux, & elle estoit arrosée par plusieurs fontaines dont les eaux serpentoient de tous côtez. Il y demeuroit un Leopard si furieux, que les lions les plus hardis n'osoient en aprocher seulement d'une lieuë. Il vécut durant plusieurs années en repos dans son Isle avec un petit Leopard qui faisoit ses délices. Mon fils, luy disoit-il, aussi-tost que tu seras assez fort pour t'opposer à mes ennemis, je te laisseray le soin de gouverner l'Isle, & je me retireray dans un coin où je passeray le reste de mes jours sans peine & sans inquietude. La mort traversa le dessein du vieux Leopard : il mourut lors qu'il y pensoit le moins, & le jeune luy succeda : mais les anciens ennemis du vieux Leopard n'eurent pas plûtost apris sa mort, & la foiblesse de son successeur, qu'ils se liguerent & entrerent tous ensemble dans l'Isle. Le jeune Leopard se sentant trop foible pour resister à tant d'ennemis, se sauva dans les deserts, & trouva son salut dans sa fuite. Cependant les ennemis s'estant rendus maîtres de l'Isle, chacun voulut commander: La division se mit entre eux, & ils en vinrent à un combat qui fut sanglant: Un Lion à la fin demeura vainqueur, & chassa tous les autres de l'Isle, d'ont il devint paisible possesseur.

Quelques années aprés le jeune Leopard rencontrant des Lions dans une forest, leur raconta ses malheurs, & les pria de l'aider à reprendre son Isle ; mais les Lions qui connoissoient la force de l'usurpateur, refuserent leur secours au Leopard, & luy dirent: Malheureux, aprens que ton Isle est sous la puissance d'un Lion si terrible, que les oiseaux mêmes n'oseroient voler au dessus de sa teste. Nous te conseillons plûtost, ajoûterent-ils, de l'aler trouver, de luy offrir tes services, & de prendre ton tems pour vanger l'injure qu'il t'a faite. Le Leopard suivit ce conseil,

conseil, marcha vers l'Isle, aborda un des domestiques du Lion, & l'engagea par mille caresses à luy donner le moyen de voir & d'entretenir son Maître. Le Lion lui trouva tant de merite, qu'il lui donna une belle Charge dans sa maison ; & le Leopard en peu de tems s'insinüa tellement dans son esprit, que les Grands de la Cour en furent bien-tost jaloux. Un jour que le besoin de l'Etat appelloit le Lion dans un lieu assez éloigné de l'Isle, & qu'il paroissoit avoir de la peine à se résoudre de sortir du Bois, à cause de la chaleur qui estoit excessive, le Leopard s'offrit à faire ce voyage, & aprés en avoir obtenu la permission, il partit avec quelques autres de bonne volonté, arriva sur les lieux, donna les ordres necessaires, & revint si promptement à la Cour rendre compte

E

de son voyage, que le Roi admirant cette diligence, dit en branslant la teste : Je ne puis mieux faire que de donner le commandement de mon Armée au Leopard, puis qu'il méprise les travaux & les peines, pour procurer à l'Etat un repos solide. En même tems il fit appeller le Leopard, loüa hautement son zele, lui donna le gouvernement de toutes ses Forests, & l'institua son heritier. Si le Leopard n'eût point entrepris ce voyage, il n'auroit point regagné son Isle.

Les Visirs jugerent par ce discours, qu'il leur seroit impossible de détourner le Roi de la résolution quil avoit prise de faire son voyage. C'est pourquoi ils ne dirent plus rien pour l'en empêcher. Il confia la conduite de son Etat durant son absence à celui de ses Visirs qu'il aimoit le plus, & lui recommanda sur tout de bien traiter le peuple. Dabschelim ayant l'esprit en repos là-dessus, partit avec quelques-uns de ses principaux Courtisans, pour aller à Serandib, où il arriva aprés une longue & pénible traitte. Il passa trois jours à se promener dans cette Ville ; & y laissant ensuite son bagage le plus embarassant, & même une partie de son monde, il marcha vers la montagne, qu'il trouva tres-haute, & environnée de plusieurs belles prairies, & d'un grand nombre de jardins. En regardant de tous côtez, il aperçeut une caverne fort obscure : Les habitans de cette montagne lui dirent que c'estoit la demeure d'un homme nommé *Bidpay*, c'est-à-dire, Medecin ami ; que quelques Grands des Indes l'appelloient *Pilpay* ; que c'estoit un homme extrémement éclairé, qui s'estoit retiré du monde par dégoût, & qui se plaisoit enfin à mener une vie solitaire. Cela ne fit qu'augmenter la curiosité de Dabschelim, qui se présenta à l'entrée de la caverne. Pilpay soupçonnant son dessein, l'appella : Le Roi estant entré, aprés quelques complimens, le Vieux Pilpay Bramine le pria de se reposer, & lui demanda la cause d'un si long voyage. Le Roi, qui avoit un pressentiment que ce vieillard lui feroit trouver ce qu'il cherchoit, lui raconta son songe, la découverte du trésor, & ce qui estoit contenu dans la piéce de Satin. Bramine soûrit, & dit au Roi, qu'il estimoit bienheureux ceux qui vivoient sous son Regne, & qu'il ne pouvoit assez le loüer d'avoir méprisé les fatigues d'un long voyage pour acquerir de la science, & pour la félicité de ses sujets : ensuite ayant ouvert sa bouche comme une boëte de sciences précieuses, il ravit Dabschelim par ses admirables discours. Le Roi demeura quelques jours avec ce Sage, l'écoutant avec attention, & l'interrogeant sur une infinité de choses. Ils parlerent enfin de la Lettre du Roi Houschenk. Dabschelim lisoit les exhortations qu'elle contenoit, les unes aprés les autres ; Pilpay les lui expliquoit, & le Roi les gravoit dans sa memoire.

CHAPITRE I.

Il faut éviter les discours des flateurs & des médisans.

DABSCHELIM dit à Pilpay: La premiere exhortation est, Que les Rois ne doivent pas écouter les faux raports, & les flateries, qui ne peuvent causer que des malheurs, la fin en étant toûjours mauvaise pour ceux qui les écoutent. Celui, s'écria Bramine, qui n'observe pas ce commandement, ignore l'Apologie du Lion & du Bœuf. Le Roi témoignant avoir envie de l'aprendre, Pilpay continüa de cette maniere.

FABLE

D'un Marchand, & de ses enfans débauchez.

UN Marchand qui estoit un homme consommé dans les affaires du monde, estant tombé malade, & voyant bien que son âge & sa maladie ne lui permettoient pas de vivre plus longtems, assembla ses enfans, qui estoient débauchez, & qui dépensoient ses biens mal à propos: Mes enfans, leur dit-il, je sçay bien que vous estes excusables de prodiguer ainsi le bien, ne sçachant pas ce qu'il coûte à amasser; mais aprenez que les richesses sont des instrumens propres pour acquerir les biens du Ciel & de la Terre. Tous les hommes ne cherchent que ces trois choses: La premiere, d'avoir toutes les commodités de la vie ; & ceux-là sont des gens qui n'aiment que l'intemperance, & qui s'abandonnent aux plaisirs des sens. La seconde est d'avoir des Charges & des Dignités ; ceux-là sont des ambitieux, qui n'aiment qu'à commander & à estre considerez. La troisiéme enfin est, d'acquerir les biens celestes, & de prendre plaisir à faire du bien à ses semblables. Ceux-là méritent de grandes loüanges : mais on ne parvient à la fin de cette derniere chose que par les richesses bien acquises. Tout ce qu'on recherche dans ce monde s'obtenant donc par l'argent, on ne peut rien avoir, si on ne l'acquiert, & ceux qui trouvent du bien tout acquis, ne sçavent pas la peine qu'on a à l'amasser ; & c'est à cause de cela qu'ils le dépensent en peu de tems. Sortez, mes enfans, de cette vie déréglée ; prenez garde à vous, songez aux moyens d'augmenter vos revenus, au lieu de les diminuer. Le fils aîné prenant la parole, dit: Mon Pere, vous nous commandez d'acquerir, & l'acquisition ne dépend que de la fortune. Je sçay bien que nous ne pouvons manquer d'avoir ce qui nous est destiné, quand même nous ne ferions pour l'obtenir aucune démarche; & qu'au contraire nous n'aurons jamais ce qui n'est pas pour nous, quand nous nous tourmenterions étrangement : Je me souviens de ce vieux Proverbe, Tant que jay fui ce qui m'étoit destiné, je l'ay toûjours rencontré ; & tant que j'ay cherché ce qui n'estoit pas pour moy, je ne l'ay pû trouver. On voit cela clairement dans la Fable de ces deux fils de Roi, dont l'un découvrit le trésor du Pere, & gagna le Royaume sans peine ; &

l'autre le perdit, quoi qu'il pût faire pour le conserver. Le Pere voulut entendre cette fable ; le fils la raconta de cette sorte.

FABLE

D'un Roi, & de ses deux fils.

Dans le pays d'Alés regnoit un Roi qui avoit deux fils avares & adonnez au vin. Ce Prince se voyant dans une extrême vieillesse, & se representant le caractere de ses enfans, craignit qu'aprés sa mort ils ne dissipassent follement un beau trésor qu'il avoit, il résolut de le cacher, & dans ce dessein il alla trouver un bon Hermite qui vivoit loin du monde, & en qui il avoit beaucoup de confiance. Par le conseil de l'Hermite le trésor fut enterré dans l'Hermitage si secretement que personne n'en sceut rien : aprés cela le Roi fit un Testament qu'il mit entre les mains de cet Hermite, luy disant : Je vous charge de montrer ce trésor à mes enfans, si aprés ma mort vous les voyez tomber dans une grande pauvreté. Peut-être, ajoûta-t'il, qu'aprés avoir souffert la misere, ils dépenseront les richesses avec plus de conduite qu'ils n'ont fait jusqu'à present. L'Hermite ayant promis de faire fidellement ce qu'on luy recommandoit, le Roi retourna à son Palais, où il mourut peu de tems aprés. L'Hermite ne tarda gueres à le suivre; de maniere que le trésor demeura caché dans l'Hermitage. Les fils du Roi ne s'accorderent pas aprés la mort de leur Pere, dont la succession causa une grande guerre entre eux : L'aîné, qui estoit le plus fort, dépoüilla entierement le cadet de tout ce qu'il pouvoit prétendre. Ce Prince se voyant privé de son partage, en eut tant de chagrin, qu'il résolut de quitter le monde. Il sortit de la Ville, & se representant que l'Hermite dont j'ay parlé avoit esté aimé de son Pere : Il faut, dit-il en luy-même, que j'aille trouver ce bon homme, que je tâche de vivre comme lui, & que je finisse mes jours en sa compagnie. En arrivant à l'Hermitage, il jugea que l'Hermite estoit mort, il le regretta, & choisit ce lieu pour sa retraite. Il y avoit dans cet hermitage un puits, dans lequel ne trouvant point d'eau, il descendit au fonds pour voir ce qui bouchoit la source : Il y trouva le trésor de son pere, il en rendit graces à Dieu, & dit : Quoiqu'il y ait dans ce trésor d'immenses richesses, il faut que je les dépense avec moderation.

D'un autre côté son frere étoit assis sur le trône, sans se soucier ni du peuple ni de l'armée, s'imaginant que le trésor de son Pere estoit enterré dans le Palais, ainsi qu'il le lui avoit dit en mourant. Un jour un de ses voisins lui ayant déclaré la guerre, il fut obligé d'avoir recours au prétendu trésor: mais il fut bien étonné de ne rien trouver: ce qui le mettant hors d'état de lever une grosse armée, le chagrinoit beaucoup: Faisant toutesfois de nécessité vertu, il amassa le plus de troupes qu'il put, avec lesquelles il sortit de la Ville pour repousser l'ennemi. Il y eut un combat opiniâtre, le Roy fut tüé d'un coup de fléche, & son ennemi aussi; de sorte que les deux armées troublées alloient s'entretailler en piéces: mais à la fin les Generaux estant convenus ensemble qu'il faloit choisir un Prince doux & affable pour gouverner l'Etat, ils allerent chercher celui qui s'estoit retiré d'ans l'hermitage, le conduisirent avec pompe au Palais Royal, & le mirent sur le trône.

Cette Fable fait voir qu'il vaut mieux se reposer sur le destin & la Providence, que de se tourmenter pour l'acquisition d'une chose qui ne nous est pas destinée. Lorsque ce garçon eut achevé de conter sa Fable, le Pere dit : Cela est vrai ; mais tous les accidens ont des causes ; & celui qui sans les considerer, se fie à la Providence, a besoin d'aprendre la Fable qui suit.

FABLE

D'un Dervich, d'un Faucon, & d'un Corbeau.

UN Dervich passant par un Bois, & considerant les merveilles de Dieu & de la Nature, vit un Faucon qui tenoit un morceau de chair en son bec, & qui voltigeant autour d'un nid, mettoit cette viande en piéces, & la donnoit à un Corbeau tout pelé, qui estoit dans ce nid. Le Dervich admira la Providence Divine : Chose admirable, dit-il ı Celui même qui ne peut chercher de quoy subsister, n'est pas délaissé de Dieu, qu'on peut appeller la Table du monde à laquelle mangent toutes les creatures amies, & ennemis. Il étend si loin ses liberalités, que le Griffon même trouve de quoy vivre dans la montagne de Caf. Pourquoi donc suis-je si avare, & pourquoi veux-je courir au bout de la terre, & traverser les mers pour avoir du pain ? Ne vaut-il pas mieux que je me tienne desormais en repos dans un petit coin, & que je m'abandonne au destin. Il se retira donc dans sa maison, où sans se mettre en peine de rien, il demeura durant trois jours & trois nuits, sans manger. A la fin Dieu lui dit : O mon serviteur, sçache que toutes les choses de ce monde ont des causes ; & quoique ma Providence ne puisse estre limitée, ma Sagesse pourtant veut qu'on suive les moyens que je leur ay ordonnez. Si tu veux imiter quelqu'un des Oiseaux, imite le Faucon qui nourrit le Corbeau, & non pas le Corbeau qui demeure lâchement dans son nid,

nid, & attend sa nourriture d'un autre.

Cet exemple vous montre qu'il ne faut pas mener une vie faineante, sous prétexte de la Providence. Le second fils ayant pris la parole, dit : Mon pere, vous nous conseillez de travailler à acquerir du bien ; mais quand nous l'aurons amassé, qu'est-ce que nous en ferons ? Il est facile de l'acquerir, dit le pere, mais difficile de le bien dépenser, & de le conserver. Les richesses sont quelquesfois tres-funestes, comme on le peut voir par cette Fable.

FABLE

D'un Laboureur, & de plusieurs Rats.

UN Villageois avoit du bled dans un grenier bien fermé,

autour duquel demeuroit un Rat qui faisoit des trous de tous côtez pour trouver de quoi vivre: il en fit tant, qu'il perça jusqu'au grenier. Quand il vit ce trésor, il courut fort joyeux en donner avis à plusieurs autres Rats : ils lui firent tous des offres de services, ne lui parlant que de choses agreables & conformes à son humeur. Le sot prenant cela pour argent comptant, estoit tres-satisfait de sa personne ; & sans songer que ce bled ne dureroit pas toûjours, il commença de faire le liberal au dépens du Laboureur, traitant chaque jour somptueusement ses Courtisans: mais il arriva dans ce tems-là une si grande famine, que les pauvres crioient au pain, pendant que le Rat faisoit bonne chere. Le Villageois voyant cette disette, ouvrit la porte de son grenier, & trouvant son bled fort diminué, se mit en colere, & transporta ailleurs le peu qui restoit. Le Rat qui se tenoit pour maistre de ce grenier, dormoit alors, mais ses camarades estoient éveillez, & voyant le Villageois aller & venir, se douterent de l'affaire : Aussi-tost chacun s'enfuit, laissant le Rat duppé, endormi. Les amis de table en usent ainsi : pendant que vous estes à vôtre aise, ils sont des vôtres ; si vous cessez de l'estre, tous vous abandonnent. Le lendemain le Rat s'éveillant, fut étonné de ne voir aucun de ses flateurs autour de lui ; il sortit de son trou pour en sçavoir la cause : il alla dans le grenier, où ne trouvant pas seulement de quoy passer cette journée, il entra dans un vif desespoir, & donna tant de fois de la teste contre une pierre, qu'il se tüa, & finit ainsi ses jours. Cet exemple nous aprend qu'il faut vivre selon ses rentes.

Le plus jeune des trois freres dit à son tour : Mon pere, aprés qu'on a bien acquis des richesses, que faut-il donc faire ? Il s'en faut servir selon la justice en toutes occasions, & principalement pour la vie. En premier lieu, il ne faut pas faire de telles dépenses, qu'on les puisse regretter, & qu'on soit blâmé de prodigalité. Secondement, il ne faut point par son avarice se rendre odieux à tout le monde.

Le pere ayant exhorté ses enfans à suivre ses conseils, ils songerent à s'établir : L'aîné se jetta dans le Negoce, & alla dans les païs étrangers; il avoit entre autres marchandises deux Bœufs nez d'une même Vache, qui estoient forts & beaux; l'un s'appelloit Cohotorbé, & l'autre Mandebé : Le Marchand avoit grand soin de les bien nourrir ; mais comme le voyage estoit long, ils devinrent foibles & maigres. Ils rencontrerent par malheur en chemin un bourbier, dans lequel Cohotorbé demeura engagé ; le Marchand neanmoins fit si bien qu'il l'en tira : mais Cohotorbé se trouva si foible, que ne pouvant se soutenir, on fut obligé de le laisser sous la garde d'un homme, jusqu'à ce qu'il eût repris assez de force pour continüer la caravane : mais cet homme aprés avoir passé trois jours tout seul dans les deserts, s'ennüia ; & laissant Cohotorbé en cet endroit, porta la nouvelle de sa mort au Marchand. Peu de tems aprés Mandebé mourut de fatigue ; & Cohotorbé au contraire ayant repris son embonpoint, commença de se promener de tous côtez : Il entra dans un pré qui lui parut si agreable, qu'il y demeura quelque tems, paissant à son aise : ce qui le rendit plus beau & plus gras qu'il n'avoit jamais esté. Il y avoit aux environs de ce pré un Lion qui faisoit trembler tous les Habitans des Bois d'alentour: il commandoit à plusieurs autres Lions, qui croioient qu'il estoit le plus puissant Souverain du monde. Veritablement il estoit redoutable ; mais d'abord qu'il entendit le mugissement du Bœuf qu'il n'avoit jamais oüi, il se sentit saisi d'une fraieur mortelle : neanmoins afin que ses Courtisans ne s'en aperceussent pas, il affecta de ne plus sortir de son Palais Il avoit parmi ses domestiques deux Renards extrémement rusez, dont l'un se nommoit Kalile, & l'autre Damna : ce dernier, qui estoit le masle, avoit plus de fierté & d'ambition que l'autre : Un jour il dit à sa femme, Que dites-vous de nôtre Roi, qui n'ose plus se promener comme il faisoit ? Il ne sort plus. Kalile lui répondit. Pourquoi me demandez-vous cela ? contentez-vous de mener une vie tranquile sous sa protection, sans examiner ce qu'il fait. Il ne nous apartient pas de parler des affaires d'Etat : & quiconque voudra se mesler des choses qui ne le regardent pas, court le danger que courut le Singe.

FABLE

D'un Menuisier, & d'un Singe.

UN Singe vit un Menuisier monté sur une poutre, qui scioit un ais, avec deux gros clous qu'il mettoit l'un aprés l'autre dans la fente qu'il faisoit pour avoir plus de facilité à scier.

Le Menuisier ayant quitté son ouvrage, le Singe ne voyant personne sur la poutre, y monta, tira un des clous qui estoit dans la fente, sans y mettre l'autre; en même tems les deux ais se joignirent, & attraperent les deux pieds du pauvre Singe qui se trouva pris, & que le Menuisier assomma à son retour.

Cette Fable nous enseigne que nous ne devons pas nous mesler des affaires d'autrui. Damna prit la parole, & dit qu'il ne faloit pas estre desœuvré auprés des Rois. On doit, poursuivit-il, tâcher de s'élever. Ne sçavez-vous pas la Fable de ces deux compagnons, dont l'un par son travail parvint à la Couronne; & l'autre, pour avoir esté faineant, tomba dans une extréme necessité.

FABLE

FABLE

De deux Voyageurs, & d'un Lion de pierre blanche.

IL y eut autrefois deux amis qui résolurent de ne se point quitter : ils voyageoient ensemble, lors qu'ils rencontrerent une fort belle fontaine au pied d'une montagne : le lieu leur paru trop agreable pour ne s'y reposer pas. Aprés s'estre délassez, ils se mirent à considerer tout ce qu'il y avoit de plus beau aux environs. Ils jetterent par hazard la vûë sur une pierre blanche, où ils remarquerent une écriture en lettres d'azur, qui contenoit ces paroles:

Voyageurs, nous vous avons préparé un excellent festin pour vôtre bienvenuë ; mais il faut vous jetter hardiment dans cette fontaine, & passer de l'autre côté, où vous rencontrerez un Lion de pierre blanche, que vous prendrez sur vos épaules, & porterez tout d'une course au haut de cette montagne, sans craindre les bestes feroces qui vous aborderont, ni les épines qui vous piqueront; parce qu'aussi-tost que vous serez sur la cime, vous possederez un parfait bonheur. Si on ne marche, on n'arrive point au gîte; & si on ne travaille, on n'a jamais ce qu'on désire.

Ganem, c'estoit le nom de l'un des deux, dit à l'autre qui s'appelloit Salem. Frere, voici un moyen de terminer nos courses & nos peines; prenons courage, & voyons si ce que contient ce Talisman, est faux, ou veritable. Salem répondit : Cher ami, il n'est pas d'un homme d'esprit d'ajoûter foi à une simple écriture,

& sous prétexte d'un grand gain, de s'aller jetter dans un peril évident. Ami, dit Ganem, ceux qui ont tât soit peu de courage méprisent les danger pour se rendre heureux: on ne sçauroit cueillir la rose sans estre piqué des épines ! Mais, repliqua Salem, il faut entreprendre les choses de maniere, que comme on en sçait le commencement, on en sçache aussi la fin, & non pas se précipiter dans cette fontaine qui paroist estre un abîme, & d'où il me semble qu'il ne sera pas aisé de sortir. Un homme raisonnable ne remuë jamais un de ses pieds que l'autre ne soit asseuré : Peut être que cette écriture est faite à plaisir, & quand elle ne le seroit pas, peut-être que lorsque vous aurez passé ce petit lac, ce Lion de pierre se trouvera si pesant, que vous ne le pourrez porter d'une course au haut de la mon-

G ij

tagne. Mais supposons que tout cela vous soit aisé ; quand vous aurez tout fait de votre côté, vous n'en sçavez pas la fin. Pour moi, je ne veux pas partager avec vous les perils de cette entreprise, & je tâcherai même de vous en détourner. Les discours des hommes, repartit Ganem, ne me feront pas changer de dessein ; & si vous ne voulez pas me suivre, ami, du moins prenez plaisir à me regarder. Salem le voyant dans cette résolution, s'écria : Cher ami, vous ne voulez pas me croire, je n'ay pas la force d'estre témoin de vôtre perte ; & aussi-tost il se mit à continüer son chemin. Ganem cependant vient au bord de la fontaine, s'y plonge résolu de perir, ou de raporter quelque belle perle. Il trouva que c'estoit un abîme ; mais ne perdant pas courage, à force de nager il arriva à bord. Il prit un peu haleine : aprés cela venant au Lion de pierre, il le leva de toute sa force, & d'une course le porta sur le sommet de la montagne. De là il aperceut une fort belle Ville bien située ; mais pendant qu'il la consideroit, il sortit du Lion de pierre un bruit si effroyable, que la montagne & les lieux d'alentour en tremblerent. Ce cry n'eut pas plûtost frappé l'oreille des Citoyens de cette Ville, qu'ils vinrent tous où estoit Ganem, qui ne fut pas peu étonné de les voir. Ils s'aprocherent de lui, & quelques-uns des plus apparens l'aborderent avec de grandes reverences, & aprés lui avoir donné beaucoup de loüanges, ils le mirent sur un fort beau cheval richement paré : Ils le menerent ensuite à la Ville, où ils le laverent avec de l'eau rose, lui fi-

G iij

rent prendre des habits Royaux, & le proclamerent Roi de tout le païs. Il demanda le sujet de son élection, on lui dit que les Doctes du païs avoient fait un Talisman dans la Fontaine qu'il avoit passée, & sur le Lion qu'il avoit porté au haut de la montagne; de sorte que quand leur Roi estoit mort, & que quelqu'un osoit s'exposer au hazard qu'il avoit couru, aussi-tost le Lion faisoit un cri, au bruit duquel les Habitans l'aloient chercher pour l'élever sur le trône. Il y a longtems, poursuivirent-ils que cette coûtume dure; & puisque le sort est tombé sur Vôtre Majesté, regnez absolument. Ganem alors fut bien-aise de voir ses peines si bien recompensées.

Je vous ay raconté cette Fable pour vous aprendre qu'on ne peut goûter les plaisirs sans peine. C'est pourquoi je ne veux pas me repofer que je ne fois devenu un des plus grands Seigneurs de la Cour. Kalile lui demanda par quel moyen il prétendoit fe pouffer. Le Lion, lui répondit Damna, paroift faifi d'étonnement, je veux le tirer d'inquiétude. Comment, reprit Kalile, pourras-tu donner des confeils au Roi, toi qui n'as jamais efté parmi les Princes ? Les perfonnes d'efprit, repliqua Damna, ne manquent jamais d'induftrie pour parvenir à leurs deffeins. Un jour un Artifan qui par fa vertu avoit gagné un Royaume, receut une Lettre d'un Roi voifin, qui luy mandoit : *Toi qui n'as jamais manié qu'un rabot ou une hache, peux tu te mefler de conduire un Etat ?* Le Charpentier lui répondit : Celui qui m'a donné l'efprit de conduire une fcie, me donnera auffi le jugement de conduire une armée.

Les Rois, dit Kalile, ne cheriſſent pas toûjours ceux qui ont du genie & du mérite, mais ſeulement leurs plus vieux domeſtiques, & ceux qui ont rendu ou rendent quelque ſervice important à l'Etat ; & puiſque vous eſtes dans la Maiſon du Roi un ſerviteur nouveau & aſſez inutile, que prétendez-vous faire ? J'eſpere, répondit Damna, avoir une Charge plus conſiderable que la mienne ; & je ſçay bien que qui veut s'introduire dans les Cabinets, doit avoir ces cinq choſes : Ne ſe mettre jamais en colere, n'avoir point de fierté, n'être pas avare, eſtre ſincere, & ne s'étonner pas des changemens de la fortune. Hé bien, reprit Kalile, ſuppoſons que vous ſoyez favori du Roi, quelles vertus voulez-vous pratiquer pour gagner ſon eſtime ? Je ſerviray, repartit Damna, tres-fidellement, j'obéïray parfaitement, & quelques actions que le Roy fasse, je croiray toûjours ses intentions bonnes ; je le porteray à faire le bien qu'il aura commencé, lui montrant le profit qu'il en peut tirer, & je le détourneray de faire tout ce qui seroit préjudiciable à lui ou à son Etat. Je voy bien dit Kalile, que tu es résolu d'executer ton dessein ; mais prens garde à ce que tu feras, car le service des Rois est plein de perils. Les sages disent que trois sortes de gens sont privez de jugement, ceux qui aspirent aux Charges dans la maison des Rois, ceux qui prennent du poison, pour faire voir l'excellence d'un remede ; & ceux qui confient leurs secrets aux femmes. On compare un Roi à une haute montagne sur laquelle il y a des mines de pierreries, & des bestes devorantes ; il est difficile de l'aborder, & encore plus de l'habiter. Les Rois sont encore comparez à une vaste mer, sur laquelle les voïageurs font fortune ou perissent. Je sçay bien, dit à son tour Damna, que les Rois representent un feu, auprés duquel on court risque de se brûler : mais qui craint le hazard n'est capable de rien. Aprés cette conversation Damna alla trouver le Roi, & lui fit une grande reverence. Le Lion demanda, qui est-ce ? On lui répondit, c'est un tel, son pere a servi long-tems vostre Majesté. Le Roi dit, je m'en souviens : où demeurez-vous ? Je remplis dans vostre maison la place de mon pere, répondit Damna, & jusqu'à ce jour je n'ay osé prendre la liberté de me presenter devant vostre Majesté pour lui offrir mes services : J'espere que vous ne les dédaignerez pas, quoique je sois une creature fort abjecte. Le bois sec en ce monde est autant estimé que les Rosiers & les arbres fruitiers. Le Lion fut charmé de l'éloquence de Damna, & regardant tous ses Courtisans, il leur dit : L'esprit est comme le feu, qui ne laisse pas de paroistre quoiqu'il soit caché sous la cendre. Damna eut tant de joye d'avoir fait un compliment que le Roi avoit trouvé beau, qu'il prit son tems, & demanda un jour une audience secrete : le Roi la lui accorda ; & quand ils furent tous deux seuls : Sire, lui dit Damna, je supplie vostre Majesté de m'aprendre la cause de sa solitude : depuis quelques jours vous n'estes pas si guay qu'à l'ordinaire. Le Lion voulut d'abord lui cacher sa crainte ; mais il entendit mugir Chotorbé : ce qui le troubla de façon qu'il se vit obligé de dire à Damna que ce cri estoit la cause de ses inquietudes.

Je m'imagine, dit le Roi, que le corps de l'animal que j'entens crier de la sorte doit estre proportionné à sa voix; & cela estant, c'est une folie à nous de vouloir demeurer dans ces lieux. N'y a-t'il que cela qui vous fasse de la peine, dit Damna ? Non, répondit le Lion. Il ne faut pas, Sire, reprit Damna, quitter vostre demeure pour cela. Un Roi ne doit pas craindre ure simple voix, il doit au contraire s'affermir davantage. Ceux qui ont les plus grosses voix, & qui sont les plus gros, ne sont pas les plus forts. Une Gruë malgré sa grosseur est plus foible que le moindre Faucon : & qui s'arreste à la grosseur se peut tromper comme le Renard. Quel Renard, interrompit le Lion?

FABLE

D'un Renard, & d'une Poule.

Sire, poursuivit Damna, il y avoit dans un Bois un Renard qui cherchoit de tous costez de quoi manger : il vit au pied d'un arbre une Poule qui grattoit la terre: mais un tambour qui estoit pendu à cet arbre faisoit du bruit toutes les fois que les branches agitées par le vent le touchoient. Le Renard aloit se jetter sur la Poule lors qu'il entendit le bruit du tambour: Ho, ho, dit-il en le regardant, ce corps doit avoir de la chair à proportion de sa grandeur, & vaut mieux que la poule. En disant cela il monta dans l'arbre, & la poule le voyant monter, s'enfuit. Il fit tous ses efforts pour déchirer le tambour ; l'ayant crevé, il fut fort furpris de n'y trouver qu'une fimple peau. Alors pouffant des foupirs, il s'écria : Malheureux que je fuis ! j'ay perdu un morceau délicat pour l'aparence d'un morceau plus gros.

J'ay raporté cet exemple, afin que voftre Majefté ne foit plus épouvantée de la groffe voix que nous entendons ; & fi vous voulez, j'iray reconnoiftre ce que c'eft. Le Lion y confentit ; mais quand Damna fut parti, il fe repentit de l'avoir envoyé. Il ne faut jamais, dit-il en lui-même, qu'un Roi découvre fes fecrets à dix fortes de perfonnes ; 1. à ceux qu'il a maltraitez injuftement, 2. à ceux qui ont perdu leurs biens ou leur honneur à la Cour, 3. à ceux à qui on a ofté leurs Charges, & qui font fans efperance de les r'avoir, 4. à ceux qui n'aiment que le trouble & la fedition, 5. à ceux qui voyent leurs parens ou alliez dans des dignitez dont ils sont exclus, 6. à ceux qui ayant commis un crime, en ont esté punis plus rigoureusement que d'autres qui seront tombez dans la même faute, 7. à ceux qui ont bien servi & qui ont esté mal recompensez, 8. aux ennemis reconciliez par force, 9. à ceux qui s'imaginent que la ruine du Roi leur sera avantageuse, 10. à ceux enfin qui se croyent moins obligez à leur Prince qu'à son ennemi. J'ay donc agi imprudemment d'avoir découvert le sujet de mes inquietudes à Damna. Pendant que le Roi faisoit ces reflexions, il vit arriver Damna qui lui aprit que celui qui faisoit tant de bruit, n'estoit rien autre chose qu'un Bœuf, qui paissoit dans un pré sans autre dessein que de manger & de dormir. Si vostre Majesté le trouve bon, ajoûta Damna, je ferai en sorte qu'il viendra se mettre au nombre de vos serviteurs. Le Lion se réjouit fort de ce discours, & fit signe à Damna de lui amener ce Bœuf. Damna alla trouver Chotorbé, & lui demanda d'où il venoit, & par quel hazard il s'estoit arresté en ces lieux. Chotorbé contenta la curiosité de Damna, qui lui dit : Il y a ici un Lion qui est Roi de tous les animaux du païs ; il m'a donné ordre de te conduire à son Palais: si tu veux me suivre, je te promets d'obtenir de lui qu'il te reçoive à son service, & qu'il te prenne sous sa protection ; mais si tu refuses de venir avec moi, sçaches que tu ne seras pas long-tems en vie. D'abord que le Bœuf entendit prononcer le nom de Lion, il trembla de peur, & répondit à Damna : Si tu m'assures qu'il ne me sera fait aucun mal, je te suivrai. Damna le lui jura, & Chotorbé sur la foi de ses sermens consentit

sentit d'aler trouver le Lion. Damna courut avertir le Roi de la venuë de Chotorbé, qui arriva bien-tost : Il fit une grande reverence au Lion, qui le receut fort bien, & lui demanda comment il estoit entré dans ses Etats. Le Bœuf lui raconta ses avantures, aprés quoi le Lion lui dit : Demeurez ici, & vivez paisiblement : parce que je permets à un chacun de vivre en repos sur mes terres. Le Bœuf l'ayant remercié de ce bon accueil, promit de le servir avec fidelité : ce qu'il faisoit si bien, que de jour en jour il estoit de plus en plus aimé du Roi. Enfin Chotorbé s'insinüa tellement dans son esprit, qu'il gagna la confiance de sa Majesté, dont il devint le plus cher favori.

Lorsque Damna vit que Chotorbé estoit mieux en Cour que lui, & qu'il estoit même l'unique

H

dépositaire des secrets du Roi, il en conceut une si grande jalousie, qu'il en perdit le repos, & peu s'en falut qu'il n'en perdît la vie. Il alla se plaindre à Kalile. O mon cher ami, lui dit-il, j'ai pris des peines inutiles à me mettre bien dans l'esprit du Roi, je lui ai amené l'objet qui lui causoit tant d'inquietudes, & c'est presentement ce Bœuf qui cause les miennes. Kalile lui répondit : Vous ne devez pas vous plaindre de ce que vous avez fait, ou bien plaignez-vous de vous seul : il vous est arrivé ce qui arriva autrefois à un Moine.

FABLE

D'un Moine qui sortit de son Convent.

UN Roi fit present à un Moine d'un habit fort riche. Un

voleur qui en fut averti, se servit d'un plaisant artifice pour l'attraper. Il alla trouver le Moine dans son Convent, sous prétexte de vouloir passer le reste de ses jours à le servir. Le Moine ravi d'avoir un Novice qui paroissoit de si bonne volonté, le receut volontiers; mais le voleur à la premiere occasion déroba l'habit, & l'emporta. Le Moine ne voyant plus ni son habit ni son Novice, se douta de l'affaire, sortit du Convent, & courut chercher dans la ville l'auteur du larcin. Chemin faisant il rencontra deux moutons qui se battoient l'un contre l'autre, & s'entredonnoient de si furieux coups de corne, que le sang couloit de tous costez. Un Renard, qui estoit témoin du combat, léchoit le sang; mais en le léchant il receut un si terrible coup de corne, qu'il demeura sur la place. Le Moine s'arresta trop

H ij

long-tems à considerer cette action; lors qu'il arriva à la ville il en trouva les portes fermées. Une femme du Fauxbourg regardant par une fenestre l'aperceut; & jugeant qu'il cherchoit un gîte, l'apella, & lui offrit sa maison. Le Moine accepta l'offre de bon cœur, entra dans le logis, & se mit dans un coin à dire ses oraisons ordinaires. Cette femme estoit de mauvaise vie, elle entretenoit plusieurs belles filles, dont elle vendoit les faveurs aux hommes. Il y en avoit une parmi elles qui estoit aimée d'un jeune Gentilhomme qui estoit si jaloux qu'il ne pouvoit souffrir de competiteur: ce qui ne plaisoit point à ceux qui en estoient amoureux aussi-bien que lui : & ce qui fut cause qu'ils proposerent à cette fille de se défaire de ce jeune homme. Comme elle le craignoit plus qu'elle ne l'aimoit, elle écouta la proposition, enyvra le jaloux, & cette nuit-là même pendant qu'il dormoit, lui souffla du poison dans le nez. Le jeune homme se sentant chatoüiller, éternua, mais de maniere que tout le poison entra dans la bouche de la courtisane qui l'avala, & qui en mourut à l'heure même. Le pauvre Moine estoit fort étonné de voir tout cela, & cette nuit lui parut extrémement longue.

Enfin le jour estant venu, il se sauva d'un lieu si dangereux, & alla loger chez un Cordonnier, qui le receut à bras ouverts, & qui ne pouvant se dispenser de se trouver à un festin auquel il estoit convié, recommanda à ses gens de le bien traiter. La femme du Cordonnier avoit un Amant bien fait & de bonne humeur, & ils se voyoient tous deux par l'entremise de la femme d'un Chirurgien, qui estoit une intriguante si artificieuse, qu'elle auroit accordé l'eau avec le feu, & si flateuse & si adroite, qu'elle auroit fait croire qu'une pierre estoit de la cire. Quand la Cordonniere vit son mari dehors, elle se servit de cette intriguante pour avertir son galant de l'absence du mari, & pour lui dire qu'il y avoit moyen de prendre du bon tems sans rien craindre. L'Amant ne manqua pas de se trouver à la porte ; mais dans le tems qu'il heurtoit, le Cordonnier arriva ; & rencontrant un homme dont il avoit déja quelque soupçon, il entra sans parler, battit sa femme, l'attacha à un pilier, & puis se coucha. Durant qu'il dormoit la femme du Chirurgien qui ne sçavoit rien de cela, entra dans le logis, & dit à la Cordonniere: Pourquoi, ma sœur, faites-vous tant attendre ce jeune homme à la porte ? allez-le trouver ; La

Cordonniere lui répondit tout bas : Je croi que quelque demon a fait revenir mon mari dans une si grande furie, qu'il ne s'est pas contenté de me roüer de coups, il m'a encore attaché à cette colonne : si vous voulez faire une étion charitable, vous me détacherez, & vous vous mettrez en ma place, pendant que j'irai demander pardon à ce cher Ami de l'avoir tant fait attendre; aprés cela je reviendrai me remettre à l'attache. La Chirurgienne touchée de compassion ne fit aucune difficulté de se mettre à la place de la Cordonniere, qui alla tenir la parole qu'elle avoit donné à son galant.

Le Moine qui avoit oüi tous ces discours, n'accusa plus le Cordonnier de cruauté, & vit bien qu'il n'avoit pas eu tort de battre sa femme ; ce qu'il croyoit avant l'entrée de la Chirurgienne. Cependant le Cordonnier se réveilla, & apella sa femme ; La Chirurgienne craignant d'être reconnuë à sa voix, ne répondit point : ce qui le mit dans une si grande colere, qu'il prit un couteau, & vint couper le nez à sa femme, comme il se l'imaginoit ; Le tenant dans sa main, il lui dit d'un ton railleur : Voici un present qu'il faut envoyer à ton drole. La pauvre Chirurgienne n'osoit soupirer de crainte, & disoit en elle-même, Voici une mauvaise avanture, pendant que la Cordonniere est entre les bras de son Amy, je souffre ici pour elle la peine qu'elle merite. La femme du Cordonnier à son retour fort surprise de trouver sa fidele amie sans nez, lui demanda mille fois pardon, la détacha, & se mit au pilier ; & la Chirurgienne retourna chez elle, tenant son nez dans la main. Quelques heures aprés quand

quand la Cordonniere crut que son mari pouvoit l'entendre, elle leva les mains au Ciel, disant : O Dieu tout-puissant, qui connoissez les secrets d'un chacun ; vous sçavez bien que mon mari m'a maltraitée injustement; faites lui voir que je suis femme de bien, en m'ostant du visage cette difformité, & en rendant mon nez comme il estoit auparavant. Le Cordonnier entendant cela, s'écria, O méchante, quelle priere oses-tu faire ? Ignores-tu que les oraisons qui sortent d'une bouche impudique, ne parviennent pas jusqu'au trône de Dieu? il faut que les prieres partent d'une bouche pure & d'un cœur net, pour estre exaucées. O tiran, s'écria tout d'un coup la femme, leves-toi, & viens admirer la puissance de Dieu, & l'excés de sa bonté, qui me voyant innocente du crime dont

I

tu m'accuses, veut montrer ma pureté, en me remettant le nez, afin que je ne passe pas dans l'esprit du peuple pour une femme deshonorée. Le Cordonnier ne pouvant ajoûter foi à ce miracle, se leve, allume de la chandelle, va trouver sa femme, & ne voyant sur son visage aucune marque de l'action cruelle qu'il croit avoir faite, il confesse qu'il a eu tort de soupçonner la vertu de sa femme; il lui demande pardon, & s'efforce de lui faire perdre par mille caresses le souvenir de sa cruauté.

De son costé la femme du Chirurgien qui s'en estoit allée au logis bien affligée, comme on le peut penser, se mit au lit doucement auprés de son mari, qui lui demanda en s'éveillant son étui pour aller panser une personne qu'il lui nomma : La femme fut long-tems à chercher ce qu'il vouloit avoir ; & quand elle vit qu'il s'impatientoit, elle lui donna un rasoir tout seul. Le Chirurgien ne l'eut pas plûtoft entre les mains, qu'il le jetta de colere contre sa femme, lui disant un million d'injures : Il n'estoit pas encore jour, ce qui favorisoit le dessein de la Chirurgienne. Elle se mit aussi-tost à crier au meurtre, & à se jetter contre terre. Tous les voisins accoururent à ses cris, & la trouvant toute sanglante & sans nez, chacun commença de blâmer la violence du Chirurgien, qui ne sçavoit quelle contenance tenir, tant il estoit étonné. Il ne sçavoit s'il devoit nier ou avoüer cette action : Cependant le matin on mena le Chirurgien devant le Juge. Le Moine dont nous avons parlé ayant affaire en ce lieu, s'y trouva aussi, & entendit plaider cette cause.

Aprés l'accusation, & les témoins oüis, le Juge demanda au Chirurgien, Pourquoi avez-vous ainsi maltraité vostre femme ? Le Chirurgien saisi d'étonnement, ne sçachant que répondre, le Juge sans l'interroger davantage, le condamna à la mort : Mais le Moine aussi-tost s'écria, Suspendez vostre Jugement, & prenez garde à cet Arrest : Ce n'est pas le voleur qui a emporté ma robe, ni les Moutons qui ont tué le Renard, ni le jeune homme qui a empoisonné la méchante femme : ce n'est pas non plus le Cordonier qui a coupé le nez de la Chirurgienne, mais c'est nous mêmes qui nous sommes attirez ces malheurs. Alors le Juge laissa le Chirurgien, & s'adressant au Moine, lui demanda l'explication de cet énigme. Le Moine raconta tout ce qu'il avoit vû ; & dit : Si je n'eusse pas pris cette robe par ambition, le voleur ne me l'eût pas dérobée; si le Renard ne se fût jetté parmi les Moutons par gourmandise, il n'eût pas esté tué ; si la femme de mauvaise vie n'eût pas eu intention d'empoisonner ce jeune homme, elle ne seroit pas morte ; & si la femme de ce Chirurgien n'eût pas esté complice de la Cordonniere, elle n'auroit pas à present le nez coupé : De sorte que quiconque fait du mal, ne doit pas esperer du bien.

Je me suis servi de cet exemple, pour vous montrer que vous vous estes attiré vous même ces peines. Il est vrai, dit Damna, que j'en suis la cause ; mais je vous en demande le remede. Je vous ay averti dés le commencement, repliqua Kalile, que je ne voulois pas me mesler de vos entreprises, & presentement même je ne me soucie guere de vos inquiétudes. Songez tout seul à vos affaires, & au parti que vous avez à prendre. Je veux donc, reprit Damna, faire tous mes efforts pour perdre le Bœuf; & certes je ne vaux pas moins que ce Passereau qui se vengea d'un Epervier. Kalile l'ayant prié de lui raconter cette Fable, il en fit le recit en ces termes:

FABLE

D'un Moineau, & d'un Epervier.

DEux Moineaux avoient fait leur nid dessus la branche d'un arbre, où ils avoient aussi fait une petite provision pour leurs petits; mais un Epervier qui avoit son nid au haut d'une montagne, au pied de laquelle eſtoit cet arbre, venoit manger les petits moineaux : ce qui fâchoit fort leur pere & leur mere ; neanmoins ils éleverent une fois ſi bien leurs petits, qu'ils eurent le plaiſir de les voir preſts à voler : le pere & la mere par leurs gaſoüillemens en témoignoient leur joye ; mais tout d'un coup ils tomberent dans une grande triſteſſe : ce qui fut cauſé par la crainte que l'Epervier ne tuât encore ces petits, comme il avoit fait les autres. Le plus âgé de ces Moineaux demanda à ſon pere le ſujet de cette affliction : le pere le lui ayant dit, il répondit, que c'eſtoit une folie d'aller contre ſon deſtin ; mais qu'il faloit chercher quelque moyen d'éloigner un ſi dangereux voiſin. Tous les Moineaux aprouverent ce ſentiment ; la mere alla querir de la

I iiij

nourriture pour ses petits, & le pere sortit pour trouver quelque remede à leurs maux. Aprés avoir long-tems volé, il dit en lui-même, Où iray-je, à qui conteray-je ma peine ? A la fin il résolut de s'adresser au premier animal qu'il rencontreroit, & de le consulter sur cette affaire. Il aperceut une Salamandre qui se promenoit ; il fut d'abord effrayé d'une forme si extraordinaire, il ne changea pas toutefois de résolution, il s'aprocha d'elle, & la salüa. La Salamandre qui estoit fort honneste, lui fit un acceüil obligeant, & lui dit : Je te trouve bien triste ; si c'est de lassitude, reposetoi, & si c'est d'autre chose, dis-le moi, afin que j'y rémédie, si je puis. Le Moineau raconta son malheur d'une maniere qui excita la compassion de la Salamandre : Elle essaya de le consoler, & lui dit, Ne t'inquiéte plus, je te délivrerai d'un si méchant voisin cette nuit même ; montre-moi seulement son nid, & va te reposer avec tes petits : ce que le Moineau fit, après avoir remercié la Salamandre de la part qu'elle prenoit à ses malheurs. La nuit ne fut pas plûtost venuë, que la Salamandre & plusieurs de ses semblables tenans chacune un morceau de souffre allumé, marcherent vers le nid de l'Epervier, qui ne se doutant de rien, fut surpris par les Salemandres, qui jetterent le souffre en son nid, & le brûlerent avec tous ses petits.

Cet exemple vous aprend que quiconque veut faire perir son ennemi, en vient à bout malgré sa foiblesse. Mais Chotorbé est le premier favori du Roi, dit Kalile, & il sera difficile de le perdre : car quand les Rois sages ont donné leur confiance, ils ne la retirent pas sur un simple raport. On réprésentera au Lion, reprit Damna, que l'une des six choses qui causent la ruine des Etats, & qui en est la principale, est de ne se pas soucier des hommes d'esprit & de courage, & de les méprifer. Quelles sont les autres, dit Kalile ? La seconde, continüa Damna, est de ne point châtier les séditieux ; la troisiéme, de s'attacher trop aux femmes, au jeu, & aux divertissemens ; la quatriéme, les accidens d'une peste, famine, & tremblement de terre ; la cinquiéme, d'estre trop violent ; & la sixiéme enfin, de préferer la guerre à la paix. Je croy bien, dit Kalile, que vous avez résolu de vous venger : mais songez que quiconque médite de faire du mal, il lui en arrive ; & qu'au contraire celui qui veut du bien à son prochain, réussit dans tout ce qu'il entreprend, comme vous l'allez voir par cette Fable.

FABLE

D'un Roi qui de Tiran qu'il estoit, devint doux & juste.

IL y avoit un Roi qui ne faisoit que tirannifer le peuple : Il ruinoit les riches, maltraitoit les pauvres ; de maniere que jour & nuit tous ses sujets prioient le Ciel de les en délivrer. Un jour qu'il revenoit de la chasse, il assembla son peuple, & lui dit : O mon peuple, jusqu'à present la cause de mes tirannies vous a esté inconnuë ; mais je vous assure que desormais vous vivrez en repos, & personne n'osera vous maltraiter. Le pauvre peuple fut extrémement réjoüi de cette bonne nouvelle, & cessa de faire des vœux contre son Roi.

En effet, ce Prince changea tellement de conduite, qu'il s'acquit le titre de juste, & chacun commença à benir le bonheur de son Regne. Un de ses favoris un jour lui ayant demandé la cause d'un si prompt & si grand changement, le Roi répondit : L'autre jour estant à la chasse, je vis un Chien qui poursuivoit un Renard, & qui aprés l'avoir joint, lui rompit l'os du pied : Le Renard tout boittant se sauva dans un trou. Le Chien ne pouvant l'en arracher, l'y laissa ; mais à peine avoit-il fait cent pas, qu'il rencontra un homme qui lui jetta une pierre, & lui cassa la jambe. Cet homme presque dans le moment fit rencontre d'un cheval qui lui marcha sur le pied, & le lui rompit : & le cheval bien-tost aprés s'engagea le pied entre deux pierres, & le rompit aussi, en le retirant. Alors, poursuivit le Roi, je dis en moi-même, on est traité comme on traite les autres. Quiconque fait ce qu'il ne devroit pas faire, reçoit ce qu'il ne voudroit pas recevoir.

Cet exemple vous montre que ceux qui ont intention de nuire, en sont punis. Si vous entreprenez de perdre Chotorbé, vous vous en repentirez : il est plus fort que vous, & a plus d'amis que vous. L'esprit vient à bout de la force, repartit Damna ; & cette Fable va t'en convaincre.

FABLE

D'un Corbeau, d'un Renard, & d'un Serpent.

UN Corbeau avoit fait son nid dans la fente d'une montagne, & toutes les fois qu'il faisoit des petits, un Serpent les venoit manger. Le Corbeau s'en plaignit à un Renard de ses amis, & lui dit : Que me conseilles-tu de faire pour me délivrer du Serpent ? Dans quelle résolution es-tu, lui demanda le Renard ? Je suis résolu, répondit le Corbeau, de lui aller arracher les yeux lors' qu'il sera bien endormi, afin qu'il ne trouve plus le chemin de mon nid. Le Renard blâma ce dessein, & dit au Corbeau, Qu'une personne d'esprit devoit se venger de maniere qu'en se vengeant il ne lui pût arriver aucun mal. Ne te mets pas, ajoûta-t'il, au hazard d'éprouver le malheur qui arriva à une Gruë dont je te vais conter la Fable.

FABLE

D'une Gruë, & d'une Ecrevisse.

UNe Gruë demeuroit au bord d'un étang, & vivoit des poissons qu'elle pouvoit attraper ; mais estant devenuë vieille & foible, elle ne pouvoit plus pescher : ce qui la chagrinoit fort. J'ay mal fait, disoit-elle, de n'avoir pas pourvû aux choses necessaires pour passer agreablement ma vieillesse : Il faut me servir d'artifice pour subsister. Elle alla se p'acer au bord de l'eau, & commença de soupirer & de pleurer. Une Ecre-

ville l'ayant aperceuë de loin, s'aprocha d'elle, & lui demanda le sujet de ses pleurs. Comment ne serois-je pas affligée, répondit la Gruë, je suis sur le point de me voir enlever ma nourriture ordinaire. Deux pescheurs viennent de passer par ici, l'un a dit à l'autre, Il y a ici beaucoup de poissons, il les faut prendre ; son compagnon a répondu, il y en a davantage en un tel lieu, allons-y premierement, & puis nous viendrons ici. Si cela est, ajoûta la Gruë, il faut que je me dispose à mourir. L'Ecrevisse ayant entendu cela, alla trover les poissons, & leur fit part de cette mauvaise nouvelle. Les pauvres poissons troublez nagerent promptement vers la Gruë, & lui dirent : Vous nous voyez dans une si grande consternation, que nous venons vous prier de nous
mettre

mettre en seureté. Quoique vous soyez nostre ennemie, neanmoins les Sages disent que celui qui se refugie chez son ennemi, doit estre assuré qu'il n'en sea pas mal receu. Vous avoüez que nous vous servons de nourriture, voyez donc ce que vous jugez à propos que nous fassions. La Gruë leur dit : J'ay oüi ce que vous sçavez de la bouche des Pescheurs ; nous n'avons pas le pouvoir de nous y opposer, & je ne sçay pas d'autre moyen de vous en garantir, qu'en vous transportant tous, l'un aprés l'autre, en un petit étang qui est ici prés, où il y a de fort belle eau, & où les pescheurs ne peuvent vous prendre à cause de la profondeur. Les poissons trouverent ce conseil bon, & prierent la Gruë de les porter l'un aprés l'autre dans cet étang. Tous les matins elle ne manquoit pas d'en prendre trois ou quatre, mais elle les portoit sur une petite coline, où elle les mangeoit : Ainsi elle passa quelque tems à faire bonne chere. Un jour l'Ecrevisse eut envie d'aller voir ce bel étang, elle fit part de sa curiosité à la Gruë, qui se representant que l'Ecrevisse estoit sa plus grande ennemie, résolut de la tuer comme les autres. Dans ce dessein, elle la prit sur son coû, & vola vers la coline ; mais l'Ecrevisse voyant de loin les arestes de ses compagnons, se douta de l'affaire, & profitant de l'occasion, engagea le gosier de la Gruë entre ses pieds, & le serra si fort qu'elle l'étrangla.

Cet exemple fait voir qu'une personne artificieuse est souvent la victime de ses artifices. Le Corbeau remercia le Renard, & lui dit : Je ne veux pas négliger vos instructions ; mais que ferai-je ? Il faut, répondit le Renard, que vous atrapiez quelque chose qui appartienne à un homme qui le voye, afin qu'il vous puisse suivre. Ce qu'il fera aisément, si vous volez lentement ; & lorsque vous serez au dessus du trou du Serpent, vous laisserez tomber dedans ce que vous tiendrez : alors l'homme qui vous suivra, voyant le serpent, l'assommera. Le Corbeau fit ce que lui conseilloit le Renard, & fut par ce moyen délivré du Serpent.

Ce qu'on ne peut faire par force, dit Damna, on le fait par artifice. Cela est vrai, repartit Kalile ; mais le Bœuf a plus d'esprit que vous : il détruira par sa prudence tous les projets que vostre malice formera contre lui; & avant que vous lui puissiez arracher un poil, il vous ôtera la peau. Je ne sçay si vous sçavez la Fable du Lapin & du Renard : je vais vous la raconter ; j'espere que vous en profiterez.

FABLE

D'un Lapin, d'un Renard, et d'un Loup.

UN Loup qui avoit faim, vit un Lapin couché au pied d'un arbre : il courut à lui pour le prendre ; le Lapin l'ayant aperceu, voulut s'enfuir, mais le Loup lui coupa le chemin, & l'arrêta. Le Lapin se voyant au pouvoir du Loup, se mit à lui faire des soumissions. Je sçay bien, lui dit-il, que le Roi des animaux a faim, & qu'il n'est en campagne que pour trouver de quoi manger ; mais je ne suis qu'un petit morceau peu capable de vous rassasier : Il demeure à deux pas d'ici un Renard qui est gros & gras, & dont la chair est fort blanche, c'est vôtre fait. Je vais, si vous voulez, le visiter, & l'engager adroitement à sortir de chez lui. Si vous le trouvez bon, vous le mangerez ; & en tout cas j'aurai l'honneur de servir de nourriture à vostre Majesté. Le Loup permit au Lapin d'aller chercher le Renard, & le suivit. Le Lapin laissa le Loup à l'entrée du trou, & entra dedans ravi d'avoir une si belle occasion de se vanger du Renard, dont il avoit receu un affront qu'il dissimuloit depuis long-tems : Il lui fit une profonde reverence, & lui témoigna beaucoup d'amitié. Le Renard de son costé répondit fort bien à toutes les honnestetez du Lapin, & lui demanda quel bon vent l'avoit amené chez lui. C'est, repartit le Lapin, la grande passion que j'avois de vous voir, & il y a, poursuivit-il, un de mes camarades à la porte qui meurt d'envie de vous faire la reverence, mais il n'ose entrer sans vostre permission. Le Renard se doutant alors de quelque chose, dit en lui-même, Il faut que je rende à ce compagnon ce qu'il me veut prêter : mais sans faire semblant de rien, il dit au Lapin : Il sera le bien venu, il me fait trop d'honneur : Je vous prie de me permettre, ajoûta-t'il, de rendre ma chambre un peu plus propre à le recevoir. Le Lapin trop persuadé du succés de son entreprise, répondit, Que son camarade n'estoit pas de grande ceremonie, & sortit aussi-tost pour avertir le Loup que le Renard avoit donné le piége. Le Loup pensoit déja tenir le Renard, & le Lapin se croyoit sauvé, ayant rendu un si bon office au Loup ; mais le Renard avoit à l'entrée de sa taniere une fosse profonde qu'il avoit faite exprés pour une pareille occasion ; il ôta les tables qui empêchoient de tomber ceux qui le venoient voir, couvrit la fosse d'un peu de terre & de paille, & ouvrit une porte de derriere en cas de necessité. Ayant ainsi préparé toutes choses, il appella le Lapin. Le Loup pressé par la faim, & le Lapin cherchant à s'échapper, ils tomberent tous les deux dans la fosse. Le Loup s'imagina que le Lapin avoit part à cet artifice, & dans sa colere il le mit en piéces.

Vous voyez par là que les finesses ne servent de rien auprés de ceux qui ont de l'esprit. Damna dit, Il est vrai ; mais le Bœuf est presentement fier de son élevation, & n'a nul soupçon de ma haine pour lui. Un Lapin plus sage que celui dont vous venez de parler, entreprit la perte d'un Lion, & voici de quelle maniere il vint à bout de son entreprise.

FABLE

D'un Lion, & d'un Lapin.

AUx environs de Raydet il y avoit une fort agreable prairie que plusieurs bestes sauvages avoient choisi pour demeure à cause de la beauté du lieu. Parmi tous ces animaux il y avoit un Lion furieux qui troubloit le repos des autres par des meurtres continuels. Un jour ils s'assemblerent tous, allerent trouver le Lion, & lui representerent qu'ils estoient ses sujets, & que par consequent il ne devoit pas en faire un si horrible carnage. Vous nous cherchez,

cherchez, ajoûterent-ils, &
nous vous évitons. Si vous vouliez vous mettre en repos, en
nous y laissant, nous vous aporterions tous les jours un gibier,
& vous ne prendriez pas la peine
de chasser. Le Lion accepta cette proposition ; les animaux
tous les matins jettoient le sort,
& celui sur qui il tomboit estoit
destiné pour la nourriture du
Lion.

Un jour le sort tomba sur un
Lapin, qui se voyant pris, dit
à tous les animaux : Si vous me
secondez, je vous déferai du
cruel Tiran qui regne dans ces
lieux : Ils répondirent tous qu'ils
feroient leur possible pour cela.
Le Lapin attendit jusqu'à ce que
l'heure du dîner fût passée. L'apetit du Lion augmentoit aussibien que sa colere ; il frapoit
de la queuë contre la terre, &
apercevant le Lapin, il lui dit :

L

D'où venez-vous, & que font mes Sujets ? Ils m'ont envoyé ici, répondit le Lapin, en le faluant avec un profond respect, pour vous aporter à dîner felon la coûtume : mais j'ai rencontré en chemin un Lion qui m'a ofté ce que je conduifois : Je lui ay dit que c'eftoit pour le Roi ; il m'a répondu qu'il n'y avoit point d'autre Roi que lui dans ce païs. Je fuis venu, Sire, vous donner avis de cette infolence. Le Lion ouvrant fes yeux ardens, s'écria: Qui eft cet audacieux qui ofe mettre fa pate fur mon dîner ? Peux-tu m'enfeigner où eft ce temeraire ? Oüi, Sire, repartit le Lapin, vous n'avez qu'à me fuivre. Le Lion le fuivit ; & quand ils furent auprés d'un puits dont l'eau eftoit fort claire, le Lapin dit au Lion : Sire, voftre ennemi eft dans ce puits ; mais je n'ofe vous le montrer, à moins que vous ne me teniez entre vos bras. Le Lion prend le Lapin, & s'aproche du puits, dans lequel voyant son image & celle du Lapin qu'il tenoit, il crut que c'estoit en effet son ennemi qui mangeoit son dîner: en même tems il s'y jetta tout enflammé de colere, & s'y noya.

Cette Fable vous montre qu'un homme fort, peut estre surpris par un foible, lorsqu'il ne s'en défie pas. Hé bien, dit Kalile, si vous pouvez perdre le Bœuf, sans qu'il arrive du mal au Lion, passe ; mais si vous ne le pouvez faire sans cela, je vous conseille d'abandonner vostre entreprise, parce qu'un sujet ne doit pas pour son repos & son interest particulier souffrir qu'il arrive du mal à son Prince.

La conversation de Damna & de Kalile finit en cet endroit, & Damna ayant pris congé de sa femme, s'éloigna de la Cour du Lion. Quelque tems aprés il y revint, & affectant un air triste devant Sa Majesté, elle lui demanda : D'où viens-tu ? il y a long-tems que je ne t'ai vû ; y a-t'il quelque chose de nouveau ? Oüi, Sire, répondit Damna. Alors le Lion tressaillit de peur, & dit à Damna, Qu'est-ce que c'est ? Il faut, s'il vous plaist, repartit Damna, que vostre Majesté m'accorde une audiance secrette. On ne doit jamais, reprit le Lion, differer les affaires importantes ; parles, nous sommes ici seuls. Il faut, poursuivit Damna, que celui qui est porteur d'une fâcheuse nouvelle, ait l'adresse de l'adoucir ; & il faut aussi que celui à qui il fait un raport, juge si celui qui le fait est digne de foi, ou s'il parle pour son interest ; S'il est digne de foi, il merite qu'on ait une parfaite confiance en lui, sur tout lors qu'on peut tirer quelque profit de son discours. Le Lion l'interrompit, en lui disant: Tu sçais bien que j'ay éprouvé ta fidelité, ainsi dis hardiment tout ce que tu voudras. La pureté de mon intention, continüa Damna, m'a fait prendre cette hardiesse, & je suis trop heureux d'estre connu de vostre Majesté. Je ne doute pas de ton zele, dit le Lion; mais enfin dis-moy cette nouvelle qu'il m'importe de sçavoir.

Lorsque Damna vit que ses flateries réussissoient, & que le Roi avoit de la confiance en lui, il commença ainsi son discours: Sire, Chotorbé a des conferences avec les Grands & les Chefs de vos Armées, & je sçay de bonne part qu'il leur a parlé de vostre foiblesse: ce qui me fait croire qu'il a quelque deſſein ſur voſtre perſonne. Il eſt étonnant que cet ingrat abuſe des bontez que vous avez pour lui, & de l'amitié particuliere dont vous l'honorez. Damna, s'écria le Lion, prens garde à ce que tu dis ; ſi cela eſt vrai, que faut-il faire ? Sire, repartit Damna, il y a deux ſortes de gens ; les uns ſages & prudens, les autres prompts & étourdis : ceux-cy ſont toûjours embaraſſez quand il leur ſurvient quelque accident ; mais ceux-là prévoyent les choſes, & n'en ſont pas émeus lors qu'elles arrivent. Il faut donc imiter leur prudence, & ſe mettre à couvert du danger, ſi-toſt qu'on peut le preſſentir. Il y a encore une autre ſorte de gens qui ne prévoyent pas le peril à la verité, mais qui ſçavent y donner ordre quand il eſt preſent ; & ces trois caracteres de personnes me font souvenir de la Fable de trois Poissons, que je raconterois à vostre Majesté, si je ne craignois de l'ennuyer. Le Lion lui ordonna d'en faire le recit, & Damna parla dans ces termes:

FABLE

De deux Pescheurs, & de trois Poissons.

IL y avoit un étang dont l'eau estoit fort claire, & qui se déchargeoit en une riviere. Il estoit éloigné du chemin des passans, & il y demeuroit trois poissons, dont l'un estoit prudent, le second avoit peu d'esprit, & le troisiéme estoit tout-à-fait fou. Un jour deux Pescheurs aperceurent par hazard cet étang; ils s'en aprocherent, & ils n'eurent pas plûtost remarqué ces trois

Poissons qui estoient gros & gras, qu'ils s'en allerent querir leurs filets. Les Poissons soupçonnans le dessein des Pescheurs, se trouverent fort embarassez. Celui qui estoit prudent prit bien-tost son parti : il sortit de l'étang par le petit ruisseau qui couloit dans la riviere, & se sauva par ce moyen. Le lendemain matin les Pescheurs revinrent avec leurs filets, & boucherent tous les passages pour empêcher la sortie des poissons : Celui qui n'avoit qu'un peu d'esprit, se repentit alors de n'avoir pas suivi son compagnon ; à la fin il s'avisa d'un stratagesme : il parut sur la surface de l'eau, & feignit d'estre mort : Les Pescheurs l'ayant pris, crurent effectivement qu'il n'estoit plus en vie, & le jetterent au bord de la riviere : le poisson aussi-tost sauta dedans, & s'échappa. Le dernier qui estoit fou, se voyant pressé des Pescheurs, ne sçavoit comment faire : il alloit au fond, il revenoit sur l'eau, mais il ne put éviter d'estre pris.

Cet exemple, Sire, fait voir à vostre Majesté qu'il faut prévenir Chotorbé, en vous rendant maistre de sa vie, avant qu'il le soit de la vostre. Tout ce que vous dites est raisonnable, dit le Lion ; mais je ne puis penser que Chotorbé que j'ay comblé de bienfaits, soit si perfide que vous me le representez. Il est vrai, reprit Damna, qu'il n'a jamais receu que du bien de vostre Majesté ; mais les méchans ne changent jamais de naturel, & il ne peut sortir d'un vase que ce qu'il y a dedans. La Fable suivante en est une bonne preuve.

FABLE

D'un Scorpion, & d'une Tortuë.

UNe Tortuë & un Scorpion lierent ensemble une si étroite amitié, que l'un ne pouvoit vivre sans l'autre. Un jour qu'ils se virent obligez de changer de demeure, ils se mirent en chemin ; mais ayant rencontré un fleuve, le Scorpion demeura tout court, & dit à la Tortuë, Comment passeray-je l'eau ? Ne vous mettez pas en peine, mon ami, répondit la Tortuë, je vous porterai sur mon dos sans danger. En effet, le Scorpion monta sur le dos de la Tortuë, qui commença de nager : mais à peine estoit-elle au milieu du fleuve, qu'elle entendit du bruit sur son dos : elle demanda au Scorpion ce qu'il faisoit, il répondit : J'aiguise mon éguillon, pour essaïer si je pourrai percer la cuirasse que vous portez sur le dos. La Tortuë s'écria : Ingrat, dans le tems que je vous donne une marque d'amitié, vous voulez me piquer de voftre éguillon venimeux, & m'ôter la vie.

Sire, pourfuivit Damna, il ne faut jamais cherir les méchans. Vous me preffez trop fur ce fujet, dit le Lion ; fi Chotorbé eftoit capable de cette perfidie, il m'auroit déja témoigné fa mauvaife volonté. Ne vous y fiez pas, repartit Damna ' il conduit fon deffein avec plus de prudence : il n'attaquera pas voftre Majefté en particulier, il veut auparavant féduire toute voftre Cour, & la mettre dans fes interefts. Tu as raifon, interrompit le Lion ; mais comment le pourrai-je chasser? Laissez-moi faire, répondit Damna, il faut punir un sujet infidelle. Les discours de ce fin Renard firent une si forte impression sur l'esprit du Roi, qu'il résolut de ne plus voir Chotorbé, & de le bannir de la Cour, aprés lui avoir fait sçavoir la cause de sa disgrace; mais Damna craignant que Chotorbé ne pénétrât ses fourberies, dit : Sire, j'ai oüi dire à des personnes d'esprit, qu'un Roi ne doit pas punir publiquement des fautes secretes, ni châtier secrétement des crimes publics : ainsi puisque celui de Chotorbé est secret, il faut le punir secrétement. C'est une injustice, dit le Lion, de punir quelqu'un, sans lui aprendre la cause de son châtiment. Il suffira, reprit Damna, que vous lui marquiez une fois de la colere, & que vous lui fassiez un froid accueil ; sa conscience lui reprochera dans ce moment sa perfidie, & il ne doutera pas de la punition que vous lui préparez : Vous le verrez même agité & troublé regarder de toutes parts : ce qui sera une marque évidente de la verité de mes soupçons. Si cela est, reprit le Lion, je serai convaincu de sa trahison. Damna voyant le Roi dans la disposition qu'il desiroit, pour mieux joüer son personnage, alla trouver Chotorbé, & lui fit une grande reverence. Le Bœuf le caressa fort, & lui dit, Pourquoi ne me venez-vous plus voir, est-ce que je ne suis plus de vos amis ? Quoique j'aye esté éloigné de vous, répondit Damna, je ne vous ay point oublié. Mais pourquoi, reprit le Bœuf, vous estes-vous retiré de la Cour ? C'est que j'aime ma liberté, repartit

Damna ; & quand on est en presence du Roi , on tremble de peur , & on n'ose bransler. Il me semble , s'écria le Bœuf, que tu n'es pas content du Roi, & que tu aprehendes quelque malheur. Cela est vrai , répondit Damna ; mais c'est pour vous que je crains , & non pas pour moi. Le pauvre Chotorbé fut effrayé de cette réponse : Mon cher ami, dit-il à Damna, aprens-moi , je t'en conjure , le peril qui me menace. Un de mes amis, continua Damna , m'a fait confidence d'une conversation que le Roi eut ces jours passez avec un Grand qui ne vous aime guere. Le Roi lui dit , *Chotorbé est à présent bien gras , & il nous est fort inutile ; il faut que je donne un regal à tous les Seigneurs de ma Cour , & que je leur fasse manger de la chair de ce Bœuf.* Je viens vous aprendre cette nouvelle, pour vous perfuader que je fuis un veritable ami, & pour vous aider fi je puis à éviter ce peril. Chotorbé fut étonné de cet avis; mais par quel artifice, dit-il, pourray-je me dérober à la barbarie du Roi? Helas! je ne lui ai donné aucun fujet de me traiter de la forte. J'ai fans doute un ennemi fecret qui lui aura fait quelque faux raport, & l'aura mis en colere contre moi. Il reffemble à ce Canard, qui voyant dans l'eau l'image de la Lune, crut que c'eftoit un beau poiffon; dans cet erreur il fe plongea pour la prendre; mais de dépit d'avoir fait des efforts inutiles, il fortit de l'eau, jurant de n'y retourner jamais. Quelque faim qu'il eût dans la fuite, il ne voulut plus attraper aucun poiffon, s'imaginant toûjours que ce fût la clarté de la Lune. Les médifans & les flateurs ont tellement prévenu le Lion contre moi, que quoique je fasse, il croira toûjours que je dissimule. Peut-être, lui dit Damna, que le Roi changera de sentiment ; mais comme il est absolu, il peut, sans estre obligé de dire pourquoi, vous condamner à perdre la vie. Il est vrai, reprit Chotorbé, que les Rois payent souvent d'ingratitude les services de leurs plus fideles sujets, comme vous le connoîtrez par cette Fable.

FABLE

D'un Faucon & d'une Poule.

UN Faucon disoit à une Poule : Vous estes une ingrate. Quelle ingratitude avez-vous remarquée en moi, répondit la Poule ? En est-il une plus grande, reprit le Faucon, que celle que vous

vous faites voir à l'égard des hommes: ils ont un extrême soin de vous; le jour ils cherchent de tous coſtez de quoi vous nourrir & vous engraiſſer, & la nuit ils vous préparent un lieu pour dormir; ils ont le ſoin de tout fermer, de peur que voſtre repos ne ſoit intorrompu par quelqu'autre animal, & cependant lors qu'ils veulent vous prendre, vous fuïez : ce que je ne fais pas, moi qui ſuis un Oiſeau ſauvage; à la moindre careſſe qu'ils me font je m'aprivoiſe, je me laiſſe prendre, & je ne mange que dans leurs mains. Cela eſt vrai, repliqua la Poule; mais vous ne ſçavez pas la cauſe de ma fuite : c'eſt que vous n'avez jamais vû de Faucon à la broche, & j'ay vû des Poules à toute ſorte de ſauces.

J'ai raporté cette Fable pour vous montrer que ceux qui veu-

M.

lent s'attacher à la Cour, n'en connoissent pas les desagrémens. Je croy, dit Damna, que le Lion n'en veut à vostre vie, que parce qu'il est jaloux de vos vertus. Il est vrai, repartit Chotorbé, qu'il n'y a que les arbres fruitiers qui soient sujets à avoir les branches rompuës, & les Rossignols ne sont en cage qu'à cause qu'ils chantent plus agreablement que les autres Oiseaux, & on arrache les plumes des Paons à cause qu'elles sont belles : de maniere que mon zele & ma fidelité seront cause de ma perte. Je voy bien qu'aujourd'huy les méchans qui sont revêtus des aparences de la vertu, sont plus honorez que les personnes vrayement vertueuses. Je ne crains pas toutefois les entreprises qu'on peut former contre moi : J'imiterai le Rossignol, dont je veux vous conter la Fable.

FABLE

D'un Rossignol, & d'un Paysan.

UN Paysan avoit dans son jardin un Rosier qui faisoit tous ses délices. Il l'aimoit tant, qu'il prenoit plaisir à voir tous les matins ses roses épanoüies. Un jour qu'il admiroit, selon sa coûtume, la beauté de ses fleurs, il vit un Rossignol qui estoit sur une de ses roses, & qui en arrachoit les feüilles l'une aprés l'autre. Cela le mit dans une si grande colere, qu'il tendit le lendemain un piége à ce Rossignol, pour se vanger du tort qu'il prétendoit en avoir receu. Il ne manqua pas de le prendre, & aussi-tost il le mit en cage. Le pauvre Rossignol fort chagrin de se voir en cet état, demanda tristement au Paysan la cause de son esclvage ; le Paysan répondit : Aprens que tu m'as déchiré le cœur, en déchirant les belles feüilles de mes roses. Helas ! reprit le Rossignol, pour avoir rompu quelques feüilles d'une rose, vous me traitez bien rigoureusement : Comment serez-vous donc traité pour m'avoir affligé de la sorte ! Ne sçavez-vous pas qu'on est traitté dans l'autre monde de la même maniere qu'on traite en celui-ci son prochain. Le Paysan touché de ces paroles, rendit la liberté au Rossignol qui se mit à le remercier, & qui lui dit : Puisque vous m'avez fait du bien, je veux vous rendre la pareille : Sçachez qu'au pied de cet arbre il y a un vase plein d'or, prenez-le, c'est pour vous. Le Paysan creusa la terre, & trouvant le vase, il dit au Rossignol : Je m'étonne qu'ayant pu voir ce vase qui estoit si avant dans la terre, vous n'ayez pas remarqué le filet qui vous a atrapé. Ignorez-vous, repartit le Rossignol, qu'on ne peut se soustraire à son destin.

Vous voyez par cet exemple qu'il faut s'y laisser entraîner. Ce que vous dites est veritable, répondit Damna ; mais puisque le Lion songe à vous faire du mal, il en sera puni ; & voulant augmenter sa grandeur en vous accablant, il lui arrivera ce qui arriva à un Chasseur.

FABLE

D'un Chasseur, d'un Renard, & d'un Leopard.

VN Chasseur, poursuivit Damna, aperceut au milieu d'un champ un Renard qui avoit la mine d'estre bien rusé,

& dont la peau lui parut si belle, qu'il eut envie de le prendre. Pour cet effet il épia son trou, à l'entrée duquel il fit une fosse, qu'il couvrit de paille & de broussailles, & puis ayant fait ses affaires dessus, il alla se cacher dans un coin. Le Renard sortant de son gîte, sentit l'odeur puante de ce que le Chasseur venoit de faire, & courut aussi-tost voir ce que c'estoit. Quand il fut auprés de la fosse, il fut tenté de goûter d'un si bon mets ; mais la crainte de quelque supercherie l'empêcha de se jetter dessus : ainsi il ne s'arresta pas plus long tems en cet endroit. Un moment aprés un Leopard affamé arriva : A peine eut-il senti l'odeur de l'excrement, qu'il s'avança pour le manger, de maniere qu'il tomba dans la fosse. Le Chasseur ayant entendu le bruit que le Leopard avoit fait en tombant, s'y jetta sans regarder, ne doutant pas que ce ne fût le Renard, mais il y trouva le Leopard qui le devora.

Cette Fable aprend que la prudence & la sagesse doivent regler nos desirs. Chotorbé prit la parole, & dit : J'ai mal fait d'avoir accepté les offres du Lion. Ce n'est pas assez, interrompit Damna, d'avoir des regrets, il faut songer aux moyens d'adoucir le Lion. Je suis seur de sa bonne volonté, repartit Chotorbé ; mais les traîtres & les flateurs feront leurs efforts pour changer son amour en haine ; & je crains qu'ils n'en viennent à bout, de la même façon que le Loup, le Renard & le Corbeau perdirent le Chameau. Damna souhaita d'aprendre cette Fable, & Chotorbé pour le satisfaire la commença de cette maniere.

FABLE

D'un Loup, d'un Renard, d'un Corbeau, & d'un Chameau.

IL y avoit autrefois un Corbeau rusé, un fin Renard, & un Loup sanguinaire, qui se mirent tous trois au service d'un Lion qui tenoit sa Cour dans un bois sur le grand chemin. Le Chameau d'un Marchand resta de lassitude prés de ce lieu. Peu de jours aprés ayant repris ses forces, il entra dans le bois du Lion dans le dessein de paistre; mais il fut fort étonné d'y voir ce Lion : il lui offrit ses services, le Lion les accepta, & aprés avoir sçû par quel accident le Chameau estoit en ce lieu, il lui demanda ce qu'il vouloit faire : Tout ce qu'il plaira

à

à vôtre Majesté, répondit le Chameau. Si tu veux demeurer avec moi, reprit le Lion, tu seras en seureté. Le Chameau fut bien aise de cela, & resta prés du Lion, ne faisant que paistre sans inquietude, de sorte qu'il devint gros & gras. Un jour le Lion estant à la chasse, rencontra un Elephant, contre lequel il se battit: il revint au bois blessé, & mourant de faim. Le Corbeau, le Loup & le Renard qui ne vivoient que des restes de sa chasse, voyant qu'il n'avoit rien à manger, tomberent dans une grande tristesse; le Lion s'en apercevant, leur dit, Je suis plus fâché de vôtre chagrin que de mes blessures : allez voir si vous rencontrerez quelque gibier aux environs de ce bois, venez m'en avertir, & j'irai le prendre pour vous. Ils s'éloignerent ainsi du Lion, &

s'en allerent tous les trois tenir conseil. Le Loup dit : De quelle utilité nous est ici le Chameau? nous avons peu de liaison avec lui, le Lion n'en tire aucun profit, il faut le tuer, il nous servira de nourriture durant deux ou trois jours, aprés ce tems le Roi sera gueri. Ce conseil ne plut pas au Renard, qui soutint qu'on ne pouvoit justement oster la vie au Chameau, aprés la parole qu'on lui avoit donnée de le laisser vivre en repos dans ce bois ; que cette action rendroit le Roi odieux à toute la terre, qui le regarderoit comme un perfide, qui n'auroit donné une retraite à cet étranger dans ses Etats, que pour le faire mourir sans raison, & pour profiter de sa mort. Le Corbeau qui avoit beaucoup d'esprit & de malice, concilia ces deux opinions, disant qu'on pouvoit colorer la mort du Chameau de quelque beau prétexte. Demeurez ici, ajoûta-t'il, jufqu'à ce que je fois de retour. Il alla d'abord trouver le Lion, & lui dit : Sire, nous avons une fi grande faim, que nous n'avons pas la force de marcher: mais nous avons trouvé un bon remede à cela ; & fi voftre Majefté veut nous le permettre, nous allons faire bonne chere. Le Lion ayant demandé quel eftoit ce remede ; le Corbeau répondit : Sire, le Chameau vit comme un hermite dans voftre Royaume, il eft feparé de nous, il n'eft bon à rien qu'à contenter noftre faim ; & comme voftre Majefté ne doit pas manquer d'apetit, le Chameau fera bien voftre affaire. Le Lion, que ce difcours mit fort en colere, s'écria : Ah ! que les gens de ce fiecle font traîtres & méchans ! Comment me prouverez-vous qu'il est permis d'estre infidele, & de violer une parole donnée ? Je ne sçai pas tout cela, Sire, repartit le Corbeau ; mais les Grands tiennent pour maxime qu'il faut immoler un particulier au salut de tout un peuple, ou à la conservation de la personne d'un Roi. D'ailleurs on peut se servir d'artifice pour dégager vostre promesse. Le Lion baissa la teste pour songer à cela, & le Corbeau retourna vers ses compagnons, à qui il dit la conversation qu'il venoit d'avoir avec le Lion. Il faut presentement, ajoûta-t'il, que nous abordions le Chameau, que nous l'informions de l'accident & de la faim du Roi, & enfin, que nous lui représentions qu'ayant passé une grande partie de nostre vie en repos & avec douceur auprés du Roi, il est bien juste que nous donnions nos jours pour prolonger les ſiens. Enſuite de ce diſcours, qui engagera le Chameau à nous accompagner, nous irons trouver le Roi, & nous nous offrirons tous trois, à l'envie l'un de l'autre, de lui ſervir de nourriture pour aujourd'hui ; le Chameau peut-être à noſtre exemple voudra ſe ſacrifier, alors nous le prendrons au mot, & ainſi noſtre deſſein réuſſira. Effectivement ils firent ſi bien qu'ils menerent le Chameau au Roi, devant qui le Corbeau s'eſtant avancé, dit : Sire, comme voſtre ſanté nous eſt plus prétieuſe que nos vies, ſouffrez que je donne la mienne pour apaiſer voſtre faim. Le beau repas que vous offrez à ſa Majeſté, s'écria le Renard ! Vous n'avez que la peau & les os, & le Roi a trop bon appetit pour ſe contenter de ſi peu de choſe ;

ma chair est bien meilleure. Le Loup prenant la parole, dit : Il faut un mets plus solide qu'un Renard pour regaler sa Majesté, & il me semble que je suis mieux son fait. Le Chameau ne voulant pas paroistre moins affectionné que les autres, dit à son tour : Vous n'estes pas capables tous trois de satisfaire la faim du Roi ; mais quand il n'auroit mangé de huit jours, je puis suffire moi seul à le rassasier. Les autres dirent alors, il a raison, sa chair est excellente, & digne de sa Majesté. Ah ! qu'il est heureux de laisser à la posterité un si bel exemple de zele & de generosité ! En disant cela, ils se jetterent sur lui, & le mirent en piéces, sans qu'il dît un mot.

Cette Fable montre que lorsque plusieurs méchans forment ensemble une entreprise, ils en viennent à bout. Pour moi, dit

Damna, je serois d'avis que vous défendissiez vostre vie, car quiconque meurt les armes à la main se rend recommandable : Il ne faut pas commencer la guere, mais il ne faut pas aussi, lorsqu'on est attaqué, ceder lâchement à son ennemi. On doit connoître ses forces avant que de s'engager au combat, car quiconque attaque son ennemi imprudemment, ressemble à l'Ange Dominateur de la mer, dont je va vous aprendre la Fable.

FABLE
De l'Ange Dominateur de la mer, & de deux Oiseaux appellez Titavi.

Deux Oiseaux apellez Titavi demeuroient sur les rivages des Indes. Lors qu'il fut tems de pondre, la femelle dit au Mafle, Il faut choisir un lieu propre à faire nos petits. Le mafle répondit : Celui-ci eft fort bon. Non, repliqua la femelle, car la mer pourroit enfler fes vagues, & emporter nos œufs. Cela n'arrivera pas, dit le mafle, & l'Ange Dominateur de la mer n'oferoit me faire cet outrage : S'il le faifoit, j'en aurois raifon. Il ne faut pas, reprit la femelle fe vanter d'une chofe qu'on ne peut pas faire. Quelle comparaifon y a-t'il entre vous & le Prince de la mer ? Croyez-moi, ne faifons pas ici noftre nid : Souvenez-vous du malheur qui arriva à une Tortuë. Quel malheur, dit le mafle ?

FABLE

D'une Tortuë, & de deux Canards.

IL y avoit, continüa la femelle, une Tortuë qui vivoit contente dans un étang avec quelques Canards. Il vint une année de sécherelle, de sorte qu'il ne resta point d'eau dans l'étang : Les Canards se voyant contraints de déloger, allerent trouver la Tortuë pour lui dire adieu : elle leur reprocha qu'ils la quittoient dans le tems de sa misere, & elle les conjura de la mener avec eux. Les Canards répondirent : Ce n'est pas sans peine que nous nous éloignons de vous, mais nous y sommes obligez ; & quant à ce que vous nous proposez de vous emmener, Nous avons une trop longue traite à faire, & vous ne pouvez pas nous suivre, parce que vous ne sçauriez voler : néanmoins si vous nous promettez de ne dire mot en chemin, nous vous porterons : mais nous rencontrerons des gens qui nous parleront, vous voudrez leur répondre, & cela sera cause de votre perte. Non, répondit la Tortuë, je ferai tout ce qu'il vous plaira. Alors les Canards firent prendre à la Tortuë un petit bâton par le milieu, qu'elle serra bien fort entre ses dents, & lui recommandant ensuite de tenir ferme, deux Canards prirent le bâton chacun par un bout, & enleverent la Tortuë de cette façon. Quand ils furent au dessus d'un Village, les habitans qui les virent, étonnez de la nouveauté de ce spectacle, se mirent à crier tous à la fois : ce qui faisoit un charivari que la

Tortuë écoutoit impatiemment. A la fin ne pouvant plus garder le silence, elle voulut dire, Que les envieux ayent les yeux crevez, s'ils ne nous peuvent regarder : mais dés qu'elle ouvrit la bouche, elle tomba par terre, & se tua.

Cet exemple fait voir qu'il ne faut pas mépriser les exhortations des amis. J'ai ouï conter cette Fable, dit le masle; mais sçachez que tous ceux qui n'ont point de courage, ne sont capables de rien. Faisons ici nos petits, & soyons persuadez que l'Ange Dominateur de la mer ne nous fera point de mal. La femelle obéit, & fit son nid au bord de l'eau : mais un jour ou deux aprés, la mer s'enfla, les vagues renverserent le nid de ces Oiseaux, & le Prince de la mer prit les œufs. La femelle alors s'adressa au masle, & lui dit : Je vous avois bien averti qu'il ne faloit pas braver un pouvoir que vous devez respecter ; voyons à cette heure comment vous vous vangerez de cet affront. Je vous assure, repliqua le masle, que je lui ferai rendre les œufs. Sans perdre le tems il vola vers tous les Oiseaux l'un aprés l'autre, leur conta l'accident, & les pria de l'aider à tirer vengeance du Prince de la mer. Tous les Oiseaux promirent leurs secours au Titavi, & allerent mesme avec lui trouver le Griffon, à qui ils declarerent qu'ils ne le reconnoîtroient plus pour leur Roi, s'il refusoit de se mettre à leur teste. Le Griffon partit avec eux : ils environnerent la maison du Prince de la mer, lequel voyant cette multitude infinie d'Oiseaux, eut peur, & rendit les œufs.

Il ne faut jamais, dit Damna,

mépriser son ennemi. Je ne commencerai pas le combat, interrompit Chotorbé, mais si le Lion m'attaque, je me défendrai. Quand vous le verrez, reprit Damna, fraper la terre de sa queüe, & remüer les yeux, il ne tardera guere à sauter sur vous. Je vous remercie de cet avis, repartit Chotorbé; si je remarque ces signes dont vous me parlez je me préparerai à le recevoir. Damna ravi de voir si bien réüssir son entreprise, alla trouver Kalile, qui lui demanda en quel état elle estoit. Je rends graces à mon destin, répondit Damna, il va me faire triompher de mon ennemi. Ces deux Renards aprés cette conversation, allerent à la Cour, où ils virent bien-tost arriver Chotorbé. Le Lion ne l'eut pas plûtost regardé, qu'il le crut coupable; & Chotorbé en jettant les yeux sur le Lion, ne douta point que sa Majesté n'eût résolu sa perte : C'est pourquoi l'un & l'autre faisant paroistre les signes dont Damna les avoit avertis, ils commencerent un furieux combat. A la fin le Lion tua le Bœuf, mais ce ne fut pas sans peine. O méchant que tu es, dit Kalile à Damna, tu as mis le Roi au hazard de perdre la vie ; Ta fin sera malheureuse, puisque tu formes des projets si coupables, il t'arrivera quelque jour ce qui arriva à un fourbe, qui fut la dupe de ses fourberies. Ecoute cette Fable.

FABLE

De deux garçons Marchands, dont l'un estoit rusé, & l'autre sans malice.

Deux garçons Marchands sortirent de leur païs pour

voyager & trafiquer : l'un se nommoit l'Esprit aigu, & l'autre le Simple. L'Esprit aigu estoit adroit, & le Simple sot. Ils trouverent par hazard un sac rempli d'argent : L'Esprit aigu dit à son camarade, Les voyages sont profitables à la verité, mais ils sont pénibles : C'est pourquoi, frere, contentons-nous de cet argent, sans nous fatiguer à acquerir d'autres richesses. Le simple y ayant consenti, ils retournerent à leur logis. Neanmoins avant que de se séparer, le simple fut d'avis de partager ce qu'ils avoient trouvé, afin que chacun le dépensât à sa fantaisie ; mais l'Esprit aigu lui dit : Il vaut mieux que nous le mettions en un lieu seur, & tous les jours nous en prendrons quelque chose. Le simple répondit, qu'il le vouloit bien. Aprés cela ils cacherent l'argent, dont ils prirent chacun une petite somme pour leur entretien. Le lendemain, l'Esprit aigu alla où estoit l'argent, & l'ayant pris, retourna chez lui. Quand le simple eut dépensé ce qu'il avoit, il courut au logis de l'Esprit aigu, & lui dit : Venez avec moi, afin que nous prenions encore une somme pareille à celle que nous primes hier : Je le veux, répondit l'Esprit aigu, aussi-bien j'ai dépensé tout mon argent, & j'en ai besoin. Ils sortirent ensemble : mais lors qu'ils furent arrivez au lieu où ils vouloient aller, ils ne trouverent rien. Le Rusé aussi-tost se jetta par terre, déchira ses habits, & dit en pleurant à son Compagnon : C'est toi qui as enlevé cet argent, parce que nul autre que toi ne sçavoit qu'il fût en cet endroit. En vain le sot étonné jura qu'il ne l'avoit pas pris, l'autre feignoit toûjours de croire le contraire.

Enfin ils allerent devant le Juge, L'Esprit aigu, aprés avoir raconté de quelle façon ils avoient trouvé l'argent, & comme ils estoient convenus de le cacher, accusa le simple de l'avoir dérobé. Le Juge demanda quelques Témoins pour preuve du vol, l'Esprit aigu répondit : Je n'ai pas d'autre témoin que l'arbre qui est auprés de ce lieu, & j'espere que Dieu qui est juste, permettra qu'il rende témoignage de la verité. Le juge fort surpris d'entendre parler cet homme de la sorte, résolut de voir la fin de cette affaire, il accepta le Témoin, & dit que le lendemain matin il ne manqueroit pas de se transporter au pied de cet arbre pour l'interroger. Ainsi chacun se retira chez soi jusqu'au jour suivant. L'Esprit aigu conta toute l'affaire à son pere, & lui dit qu'il n'avoit eu esperance qu'en lui quand il avoit pris l'arbre à témoin. Si vous voulez, ajoûta-t'il, nous aurons la somme que j'ai prise, & encore autant de celui que j'ai accusé : ce qui nous servira à passer le reste de nos jours agreablement. Le pere demanda ce qu'il faloit faire : Il faut, repliqua le fils, que vous entriez dans l'arbre qui est creux ; mais il faut que vous vous y mettiez dés ce soir, & que vous y passiez la nuit, afin que si le Juge va de grand matin interroger l'arbre, vous puissiez rendre témoignage selon la coûtume. Mon fils, dit le pere, quitte ces finesses : quand tu tromperois les hommes, tu ne tromperas pas Dieu ; & je crains que ta fortune n'ait le mesme succés qu'eut celle de la Grenoüille.

FABLE

D'une Grenoüille, d'une Ecreviſſe, & d'un Serpent.

UNe Grenoüille demeuroit proche d'un Serpent, qui toutes les fois qu'elle faiſoit des petits, les mangeoit : ce qui la mettoit au deſeſpoir. Un jour qu'elle alla rendre viſite à une Ecreviſſe de ſes amies, elle lui fit confidence de ſes ennuis. L'Ecreviſſe la conſola, lui repreſentant qu'on pouvoit par quelque artifice la délivrer d'un ſi fâcheux voiſin. Vous m'obligerez, dit la Grenoüille, de m'enſeigner un moyen pour cela. Hé bien, reprit l'Ecreviſſe, il y a dans un tel lieu une de mes camarades qui eſt graſſe & forte ; prenez pluſieurs poiſſons, & mettez les depuis ſon trou juſqu'à celui du Serpent; cette Ecreviſſe dont je vous parle ne manquera pas de les croquer l'un aprés l'autre juſqu'à ce qu'elle arrive au trou du Serpent, qui ſortira d'abord, & qu'elle mangera auſſi-bien que les poiſſons. La Grenoüille ſuivit ce conſeil, & goûta le plaiſir de la vangeance : mais deux ou trois jours aprés, l'Ecreviſſe qui avoit mangé le Serpent, croyant en trouver encore, alla juſqu'au giſte de la Grenoüille, qu'elle mangea avec tous ſes petits.

Vous voyez par cette Fable que les trompeurs ſont trompez. Mon pere, dit le fils, laiſſons ces vains diſcours. Il n'y a pas de tems à perdre. Le vieillard qui eſtoit avare, ſortit du logis, & s'alla cacher dans l'arbre. Le jour ſuivant, de bon matin le Juge ſe tranſporta ſur le lieu accompagné de pluſieurs perſonnes d'eſprit, & d'un grand nombre de gens qui vouloient estre témoins de ce miracle. Aprés quelques cérémonies le Juge demanda à l'arbre, s'il estoit vrai que le Simple eût pris l'argent en question : Aussi-tost il entendit une voix qui répondit, Oüi, il est coupable de ce dont on l'accuse. Le Juge d'abord fut étoné; mais se doutant qu'il y avoit quelqu'un dans l'arbre, il commanda d'amasser du bois autour, & d'y mettre le feu. Le pauvre vieillard aprés avoir un peu souffert la chaleur, cria, Misericorde. A la fin on le fit sortir, & il confessa la verité. Ainsi le juge fit voir l'innocence du simple & la malice du rusé, qui fut puni, & tout l'argent fut donné à l'accusé, aprés qu'on l'eût osté à l'accusateur.

J'ai raporté cet exemple pour vous persuader qu'il faut avoir le cœur pur, & agir toûjours de bonne foi. Vous avez tort, dit Damna, de nommer l'esprit tromperie, & le soin de ses propres affaires, artifices. Pour moi, je croy n'avoir fait voir en ma conduite que de l'esprit & du jugement. O méchant, s'écria Kalile, je ne veux plus vous écouter ni demeurer avec vous, puisque vous avez de si mauvaises maximes. Qui frequente les méchans, éprouve le sort de ce Jardinier.

FABLE

D'un Jardinier & d'un Ours.

IL y avoit autrefois un Jardinier qui aimoit tant les jardinages, qu'il s'éloigna de la compagnie des hommes pour se donner tout entier au soin de cultiver des plantes. Il n'avoit ni femme ni enfans, & depuis le matin jusqu'au soir il ne faisoit que travailler dans son jardin, qu'il rendit aussi beau que le Paradis Terrestre. A la fin le bon homme s'ennuya d'estre seul dans sa solitude; il prit la résolution de sortir de son jardin pour chercher compagnie. En se promenant au pied d'une montagne, il aperceut un Ours, dont les regards causoient de l'effroy. Cet animal s'estoit aussi ennuyé d'estre seul, & n'estoit descendu de la montagne, que pour voir s'il ne rencontreroit point quelqu'un, avec qui il pût faire societé. Aussi-tost qu'ils se virent, ils se sentirent de l'amitié l'un pour l'autre. Le Jardinier aborda l'Ours, qui lui fit une profonde reverence. Aprés quelques civilitez, le Jardinier fit signe à l'Ours de le suivre, & l'ayant mené dans son jardin, lui donna de fort beaux fruits qu'il avoit conservés soigneusement ; & enfin il se lia entre eux une étroite amitié. Quand le Jardinier eſtoit las de travailler, & qu'il vouloit ſe répoſer, l'Ours par affection, demeuroit auprés de lui, & chaſſoit les mouches de peur qu'elles ne l'éveillaſſent. Un jour que le Jardinier dormoit au pied d'un arbre, & que l'Ours, ſelon ſa coûtume, écartoit les mouches, il en vint une ſe poſer ſur la bouche du Jardinier ; & quand l'Ours la chaſſoit d'un coſté, elle ſe remettoit de l'autre : ce qui le mit dans une ſi grande colere, qu'il prit une groſſe pierre pour la tuer : il la tua à la vérité ; mais en même tems il écraſa la teſte du Jardinier. C'eſt à cauſe de cela que les gens d'eſprit diſent qu'il vaut mieux avoir un ſage ennemi, qu'un ami ignorant.

Cet exemple me montre que voſtre compagnie eſt auſſi dangereuſe que celle de l'Ours. Pour moi, dit Damna, je ne ſuis pas
ſi

si ignorant, que je ne sçache distinguer ce qui est nuisible de ce qui est profitable à mon ami. Je sçai bien, repartit Kalile, que tu ne peches pas par ignorance; & quand tu trahis tes amis, ce n'est pas sans y penser, témoin l'artifice dont tu t'es servi pour broüiller le Lion & le Bœuf: mais je ne puis souffrir que tu pretendes que je te croye innocent. Tu ressembles à ce Marchand qui vouloit faire accroire à son ami que les Rats mangeoient du fer.

FABLE

D'un Marchand, & de son ami.

UN Marchand, poursuivit Kalile, eut envie de faire un long voyage. Comme il n'étoit pas fort riche, il faut, dit-il en lui-même, que je laisse avant que de partir une partie de mon bien dans cette Ville, afin que si je fais mal mes affaires dans mon voyage, je trouve au-moins à mon retour de quoi me tirer de la necessité. Il mit donc une grande quantité de livres de fer en dépost chez un de ses amis, le priant de garder cela pendant son absence ; ensuite lui ayant dit adieu, il partit. Quelque tems après il revint au logis, & la premiere chose qu'il fit, fut d'aller chez son ami, auquel il demanda son fer ; mais cet ami qui avoit des dettes, l'ayant vendu pour les payer, lui répondit : J'avois mis vostre fer dans une chambre bien fermée, m'imaginant qu'il seroit là fort en seureté : mais il y avoit dans cette chambre un Rat qui l'a mangé. Le Marchand fit l'ignorant, & dit : Il est vrai que les Rats aiment extrémement le fer. Cette réponſe plut à l'ami, qui fut bien aiſe de voir le Marchand perſuadé que le Rat avoit mangé le fer ; & pour lui oſter tout ſoupçon, il le pria de venir le lendemain dîner chez lui. Le Marchand rencontra au milieu de la Ville un enfant de ſon ami, qu'il mena chez lui, & qu'il enferma. Le jour ſuivant il ne manqua pas d'aller trouver ſon ami qui lui parut fort affligé ; le Marchand lui en demanda la cauſe, qu'il n'ignoroit pas. Ah ! mon cher, répondit l'ami, je vous conjure de m'excuſer ſi je ne vous fais pas un meilleur viſage : je ſuis en peine d'un de mes enfans que j'ai perdu, je l'ai fait chercher à ſon de trompe, & je ne ſçai ce qu'il eſt devenu. Hier au ſoir, dit le Marchand, je vis en ſortant d'ici un hibou en l'air qui portoit un enfant, je ne ſçai ſi c'eſt le vôtre. Ignorant, s'écria l'ami, pourquoi mentez-vous si grossierement ! Un Hibou qui ne pese tout au plus que deux ou trois livres, peut-il porter un enfant qui en pese prés de cinquante. Cela ne vous doit pas étonner, repartit le Marchand, car dans un païs où un Rat a mangé cent livres de fer, un Hibou peut enlever un enfant de cinquante livres. L'ami connut alors que le Marchand n'estoit pas si sot qu'il l'avoit crû : il lui demanda pardon de l'avoir voulu tromper, lui rendit son fer, & reprit son fils.

Cette Fable prouve que si vous trompez le Lion, à qui vous avez tant d'obligation, à plus forte raison tromperez-vous ceux avec qui vous n'avez qu'un peu de liaison. Voilà pourquoi voftre compagnie eft dangereuse.

Pendant que Kalile & Damna s'entretenoient de la sorte, le Lion, dont la colere estoit passée, se mit à regretter Chotorbé, disant: C'est dommage de l'avoir fait mourir : il avoit de si bonnes qualitez ; je ne sçai si j'ai bien ou mal fait, & si ce qu'on m'a raporté estoit faux ou veritable. Le Lion rêvoit ainsi, & se repentoit d'avoir puni avec trop de précipitation un sujet qui pouvoit estre innocent. Damna remarquant que le Lion avoit des remords, quitta Kalile, & s'aprochant de lui tres-respectueusement : Sire, dit-il, pourquoi vostre Majesté est-elle si rêveuse ? Songez que voilà vôtre ennemi à vos pieds, arrestez vos yeux avec plaisir sur cet objet. Quand je pense aux vertus de Chotorbé, dit le Lion, je regrette sa perte : il estoit mon puy & ma consolation, & c'estoit par ses sages conseils que mon peuple vivoit en repos. Vostre Majesté, reprit Damna, ne doit pas pleurer la mort d'un sujet infidele: Veritablement il estoit utile au public ; mais comme il en vouloit à vostre personne, vous n'avez fait que ce que les Sages conseillent, qui est de couper un membre qui seroit la cause de la destruction de tout le corps. Ces discours consolerent un peu le Lion ; mais l'innocence de Chotorbé criant incessamment vangeance, fut cause qu'on découvrit les fourberies de Damna, & qu'il en receut le châtiment qu'il méritoit. Comme toutes ses entreprises estoient criminelles, aussi sa fin fut-elle miserable. Si quelqu'un veut cueillir du froment, qu'il ne seme pas de l'orge. Celui qui ne fait que de bonnes actions, & qui n'a que des pensées justes, est heureux dans ce monde, & ne peut manquer de l'estre dans l'autre.

CHAPITRE II.

Comme un méchant finit mal.

J'AY bien entendu, dit Dabschelim, l'Histoire d'un flateur qui par ses flateries trompa son Prince, & fut cause qu'il maltraita ses Ministres : mais contez-moi de quelle maniere le Lion découvrit les fourberies de Damna, & quelle fut la fin de ce Renard.

Il ne faut pas, répondit le vieux Bramine, que les Rois ajoûtent foi aux divers raports qu'on leur fait, jusqu'à ce qu'ils ayent connu si les discours qu'ils entendent partent d'amis ou d'ennemis, autrement il leur arrivera ce qui arriva à la Cour du

Lion ; & voici comment se passerent les choses que vous voulez sçavoir. Peu de tems aprés que le Lion eut tué le Bœuf, il en fut fâché, comme j'ai déja dit ; les reflexions qu'il fit sur les bons services qu'il en avoit receus, le plongerent dans un si noir chagrin, qu'il abandonna le soin de son Etat, & sa Cour devint un lieu de désolation. Il parloit sans cesse des bonnes qualitez de Chotorbé, & le bien qu'on lui en disoit estoit le seul soulagement que sa douleur vouloit recevoir. Une nuit qu'il s'entretenoit des vertus de ce Bœuf avec un Leopard, le Leopard lui dit : Sire, vostre Majesté s'afflige trop d'une chose à laquelle il est impossible de remedier ; & qui s'attache à chercher ce qu'il ne peut trouver, non seulement il ne le trouve pas, mais encore il perd ce qu'il a, comme un Renard perdit une peau, pour avoir une poule dont il avoit envie. Voyant le Lion difposé à l'écouter, il lui raconta cette Fable.

FABLE
D'un Renard, d'un Loup, & d'une Poule.

UN Renard qui cherchoit de tous coftez de quoi manger, trouva un morceau de peau fraîche, qu'une befte fauvage avoit laiffé tomber, il en mangea une partie, & prit le refte dans le deffein de le porter dans fa taniere : en paffant auprés d'un Village, il aperceut des Poules qui eftoient groffes & graffes, qu'un garçon adroit gardoit à vûë. Le Renard eut tant d'envie de manger de ces Poules, qu'il laiffa la peau qu'il tenoit, pour en attraper quelqu'une. Dans ce moment il vint un Loup qui lui demanda ce qu'il regardoit avec tant d'attention. Ce sont ces Poules que vous voyez, répondit le Renard, j'en voudrois bien prendre une. Vous perdez vostre tems à les épier, lui dit le Loup, elles sont gardées par un serviteur si vigilant, qu'il est impossible de les pouvoir aborder sans danger. Contentez-vous de vostre morceau de peau, de peur d'avoir le mesme sort que cet Asne qui voulant chercher sa queuë, perdit ses oreilles.

FABLE

D'un Asne, & d'un Jardinier.

UN Asne, continüa le Loup, avoit perdu sa queüe, ce qui l'affligeoit fort : en la cherchant de toutes parts, il passa au travers d'un pré & d'un jardin : mais le Jardinier l'ayant aperceu, & s'imaginant qu'il vouloit ravager son jardin, entra dans une furieuse colere, courut à l'Asne, & lui coupa les deux oreilles : Ainsi l'Asne qui se plaignoit de n'avoir point de queüe, fut bien étonné lors qu'il se vit sans oreilles. Quiconque ne prend pas la raison pour guide, s'égare, & tombe dans des précipices. Le Renard pressé par l'extrême desir de manger de ces Poules, dit au

Loup : De quoi vous avisez-vous de me venir conter des Fables ? Je veux vous montrer que qui a du courage, est capable de tout. En disant cela, il s'avança vers les Poules, laissant son morceau de peau ; & le Loup voyant que sa remontrance ne servoit de rien, s'en alla d'un autre costé. Le Renard cependant s'aprochoit tout doucement des Poules ; mais le garçon qui les gardoit, l'ayant vû, lui jetta un bâton si adroitement, qu'il lui frappa le pied : Le pauvre Renard craignant que le garçon ne lui jettât encore un bâton, retourna sur ses pas au plus viste, résolu de se contenter de la peau qu'il avoit méprisée ; mais il ne la retrouva plus, parce qu'un Corbeau l'avoit emportée : ce qui mit le Renard au desespoir.

Vous voyez, Sire, poursuivit

le Leopard, qu'il ne faut pas que votre Majesté se desespere, & abandonne la conduite de son Royaume pour la perte d'un sujet. Le Lion demeura quelque tems sans parler, aprés cela il répondit: Vous dites vrai; mais je voudrois vanger la mort de Chotorbé, s'il a esté injustement accusé. Ce n'est pas le moyen d'y parvenir que de se desesperer, repliqua le Leopard: Il faut examiner avec soin, si les raports qu'on vous a faits de lui sont veritables ou non; s'il estoit coupable, il a esté justement puni; & s'il ne l'estoit pas, on doit punir l'accusateur. Alors le Lion dit au Leopard: Je veux que tu sois mon Connétable en sa place: fais tout ce que tu pourras pour découvrir la verité.

Comme il estoit tard, le Leopard prit congé du Lion: retournant au logis, il passa par-devant la demeure de Kalile & de Damna, & il crut entendre qu'ils avoient quelques paroles ensemble. Comme il soupçonnoit que Damna estoit méchant, il eut la curiosité de s'aprocher pour les écouter. Kalile reprochoit à son mari ses perfidies, & tous les artifices dont il s'estoit servi pour perdre Chotorbé. Le Leopard instruit par ces discours des trahisons de Damna, alla trouver la Mere du Lion, à laquelle il conta tout ce qu'il venoit d'oüir: Aussi-tost elle courut voir son fils, à qui elle dit : Vous avez raison d'estre affligé de la perte de Chotorbé, car il est mort innocent. Quelle preuve avez-vous de son innocence, demanda le Lion ? Je ne veux pas, repondit la mere, reveler un secret qui pourroit vous mettre en colere, & nuire à celui qui me l'a confié. Mais je vous prie, ajoûta-t'elle d'écouter cette Fable.

FABLE

D'un Prince, & de son Ecuyer.

IL y avoit un Prince qui estoit puissant, riche & juste. Un jour qu'il estoit à la chasse, il dit à son Ecuyer : Je veux faire courir mon cheval contre le tien, pour voir lequel des deux est le meilleur : il y a long-tems que j'ai cette envie. L'Ecuyer, pour obéïr à son maistre, poussa son cheval à toute bride, & le Roi le suivit. Quand ils furent éloignez de tous les Grands qui les avoient accompagnez, le Roi arresta son cheval, & dit à son Ecuyer : Je n'avois pas d'autre dessein en t'amenant ici,

que de te confier un secret, t'ayant reconnu le plus fidelle de ma Cour. Il m'a paru que le Prince mon frere forme quelque attentat contre ma personne c'est pourquoi je t'ai choisi pour le prévenir : mais sois discret. L'Ecuyer jura qu'il garderoit le secret ; & aprés cela ils réjoignirent la troupe qui estoit en peine de sa Majesté. L'Ecuyer à la premiere occasion qu'il eut de parler au frere du Roi, lui aprit le dessein qu'on avoit de lui ôter la vie : ce qui obligea le jeune Prince à le remercier de lui avoir donné cet avis, & à lui promettre de grandes recompenses : Mais peu de jours aprés le Roi mourut, son frere lui succeda ; & la premiere chose qu'il fit lors qu'il fut sur le trône, fut de faire mourir l'Ecuyer. Ce miserable lui reprocha le service qu'il lui avoit rendu. Est-ce
là,

là, disoit-il, la récompense que vous me promettiez. Oüi, lui répondit le nouveau Roi : Quiconque révéle les secrets de son Prince, est digne de mort ; & puisque tu as commis ce grand crime, tu dois mourir. Si tu as trahi un Roi qui t'avoit donné sa confiance, & qui te cherissoit plus que toute sa Cour ensemble, puis-je me servir de toi ? L'Ecuyer eut beau alleguer des raisons pour se justifier, il ne fut point écouté, & il ne put éviter la mort, parce qu'il n'avoit pas sçû garder un secret.

Vous voyez par cette Fable qu'il ne faut pas divulguer un secret. Ma Mere, lui dit le Lion, sçachez que celui qui vous a confié son secret, veut bien qu'il soit divulgué, puisqu'il est le premier à le découvrir : car si lui-même ne l'a pû garder, comment veut-il qu'un autre le garde. Si ce que vous voulez dire est vrai, & que vous ne vouliez pas que j'en aye une entiere connoissance, du-moins ôtez-moi de peine. La Mere se voyant pressée, lui dit : Je veux vous présenter un criminel indigne de pardon ; & quoique les Sages disent qu'un Roi doit avoir la misericorde en recommandation, neanmoins il y a de certains crimes qui ne doivent pas attendre de pardon. C'est de Damna, poursuivit-elle, que je parle, qui par ses faux raports a causé la mort de Chotorbé. Ayant dit cela, elle se retira, laissant le Lion dans une profonde rêverie. A la fin il commanda à toute sa Cour de s'assembler : Damna en conceut un mauvais présage, & abordant un des favoris, il lui demanda s'il ne sçavoit pas le sujet de cette assemblée. La Mere du

Lion l'entendit, & lui dit : C'est pour résoudre ta mort, car tes tromperies sont découvertes. Madame, lui répondit Damna, ceux qui se rendent à la Cour recommandables par leurs vertus, ne manquent jamais d'envieux & d'ennemis. Ah ! que les hommes, ajoûta-t'il, agissent autrement que Dieu ! Il ne donne à chacun que ce qu'il mérite ; & les hommes au contraire punissent souvent ceux qui sont dignes de récompense, & cherissent ceux qu'ils devroient haïr ! Que j'ai mal fait de quitter ma solitude pour consacrer ma vie au Roi. Quiconque ne se contente pas de ce qu'il a, & préfere le service des hommes à celui de Dieu, s'en répent tost ou tard, comme on le peut voir par cette Fable.

FABLE

D'un Hermite qui quitta les deserts pour aller vivre à la Cour.

UN Hermite qui avoit renoncé aux plaisirs du monde, menoit dans une solitude une vie fort austere. Sa vertu fit dans le monde tant de bruit en peu de tems, qu'un nombre infini de personnes l'aloit voir tous les jours, les uns par curiosité, & les autres pour le consulter sur diverses choses. Le Roi du païs qui estoit devot, & qui aimoit les gens de bien, n'eut pas plûtost apris qu'il y avoit dans son Royaume un personnage si vertueux, qu'il monta à cheval pour l'aller visiter. Il lui fit un beau present, & le pria de lui faire quelque exhortation dont il pût profiter. L'Hermite, pour contenter le Roi, lui dit : Sire, Dieu a deux habitations, l'une périssable, qui est le monde, & l'autre éternelle, qui est le Paradis. Votre Majesté, qui est genereuse, ne doit pas s'attacher aux biens de la terre, mais il faut qu'elle aspire aux tréfors éternels, dont la moindre partie vaut mieux que toutes les Principautez de l'Univers. Essaïez donc, Sire, de vous rendre possesseur de ces biens éternels. Par quel moyen les peut-on acquerir, demanda le Roi ? En assistant les pauvres, répondit l'Hermite, & en secourant les miserables. Tous les Rois qui veulent joüir de ce repos éternel doivent travailler à donner le repos temporel à leurs sujets.

Le Roi fut si touché de ce discours, qu'il résolut de s'entretenir tous les jours avec ce bon Hermite. Un jour qu'ils estoient ensemble dans l'Hermitage, ils virent venir une foule de gens qui demandoient justice avec des cris effroyables. L'Hermite les fit aprocher, les interrogea, & ayant apris leurs differens, les mit tous d'acord sans peine. Le Roi admirant la conduite de cet Hermite, le pria de se trouver quelquefois dans ses Conseils: ce que l'Hermite promit au Roi, croyant pouvoir estre utile aux pauvres : Il se trouvoit donc souvent dans les Assemblées, & le Roi s'arrestoit toûjours à son opinion : Enfin il se rendit si nécessaire, que rien ne se faisoit dans le Royaume que par son avis.

Ainsi l'Hermite voyant que tout le monde lui faisoit la Cour, commença d'avoir bonne opinion de foi, & voulut tenir le rang de premier Miniftre. Pour cet effet il eut un bel équipage, & une groffe fuite : Il oublia fes aufteritez & fes oraifons, & fe regardant comme un homme néceffaire à l'Etat, il avoit grand foin de fa perfonne : Il eftoit mollement couché, & ne mangeoit que des mets délicats. Le Roi, qui eftoit d'ailleurs affez content de l'Hermite, le laiffoit vivre à fa fantaifie, & fe répofoit fur lui du foin des affaires de fon Royaume.

Un jour un Hermite ami de celui qui eftoit à la Cour, eftant venu voir fon Confrere, avec qui fouvent il avoit paffé la nuit en oraifon, fut fort étonné de le voir environné d'un grand nombre de domeftiques : Neanmoins prenant patience, il attendit que la nuit eût obligé tout le monde à fe retirer ; alors abordant l'Hermite Courtisan, il lui dit: O mon cher ami, en quel état est-ce que je vous vois! quel changement! L'Hermite Courtisan voulut s'excuser, en disant qu'il estoit obligé d'avoir un si gros train; mais son Confrere, qui estoit homme d'esprit & de jugement, s'écria: Ces excuses sont dictées par les sens. Je voy bien que les biens & les honneurs vous enchantent. Quel demon vous a détourné de nos priéres, & pourquoi oubliant les devoirs d'une vie retirée, préferez-vous le bruit au silence, & le tumulte au repos? Ne croyez pas, répondit l'Hermite Courtisan, que les affaires de la Cour m'empêchent de continüer mes pieux exercices. Vous vous trompez, repartit l'Hermite, de croire que vos priéres puissent estre exaucées en servant le monde, comme me elles l'eſtoient dans le tems que le Service Divin faiſoit toute voſtre occupation. Vous le connoîtrez quelque jour, & vous vous en répentirez. Croyez-moi, briſez ces chaînes d'or qui vous attachent à la Cour, & retournez dans voſtre ſolitude : autrement vous éprouverez la cruelle deſtinée de cet aveugle qui mépriſa le conſeil de ſon ami. Je vais vous conter cette avanture.

FABLE

D'un Aveugle qui voyageoit avec un de ſes amis.

IL y avoit deux hommes qui voyageoient enſemble, l'un deſquels eſtoit aveugle. Un jour que la nuit les ſurprit dans la campagne, ils entrerent dans un pré pour s'y repoſer juſqu'au point du jour. Aussi-tost qu'il parut, ils se leverent, monterent à cheval, & continuerent leur chemin. L'Aveugle au lieu de son fouet avoit ramassé un serpent qui estoit transi de froid; l'ayant entre les mains, il le trouva plus douillet que son fouet : ce qui le réjoüit, s'imaginant qu'il avoit gagné au change, c'est pourquoi il ne se mit pas en peine de ce qu'il avoit perdu : Mais lorsque le Soleil commença de paroître, & par consequent à éclairer les objets, son compagnon aperceut le serpent, & faisant un grand cri, il dit à l'Aveugle : O ! camarade, tu as pris un serpent au-lieu de ton fouet, jette-le avant que d'en recevoir de mortelles caresses. Cet Aveugle d'esprit aussi-bien que de corps, croyant que son ami ne parloit ainsi que parce qu'il avoit envie d'avoir son foüet, lui répondit : Estes-vous jaloux de ma bonne fortune ? J'ai perdu mon foüet qui ne valoit plus rien, & le bon Dieu m'en a fait trouver un tout neuf. Ne pensez pas, ajoûta-t'il, que je sois si innocent, que je ne sçache distinguer un serpent d'un foüet. Son ami se mit à rire, & lui dit : Camarade, je suis obligé par les loix de l'amitié & de l'humanité de t'avertir du peril où je te vois : Si tu veux vivre, éloigne de toi ce serpent. L'aveugle plus aigri que persuadé par ces paroles, repartit brusquement : Pourquoi me pressez-vous de jetter une chose que vous voulez ramasser ? Son compagnon pour le desabuser jura que ce n'estoit pas là son dessein ; & je vous proteste, ajoûta-t'il, que ce que vous tenez entre vos mains, est un serpent. Tous ces sermens furent inutiles, l'Aveugle ne changea point d'opinion. Cependant le Soleil s'élevoit, & ses rayons ayant peu à peu échauffé le serpent, il commença de s'entortiller autour du bras de l'Aveugle, qu'il mordit, de maniere qu'il lui donna la mort.

Cet exemple nous montre qu'il faut se défier de nos sens, & qu'il est difficile de les dompter quand nous possedons une chose qui les flate.

Ce discours sensé éveilla l'Hermite Courtisan du profond sommeil où il estoit : Il ouvrit les yeux sur les dangers qu'il couroit à la Cour ; & regrettant le tems qu'il avoit employé au service du monde, il passa la nuit à soupirer & à pleurer : Mais le jour estant venu, les nouveaux honneurs qu'on lui fit détruisirent ses remords : Il commença de se mesler de toute sorte d'affaires, & devint injuste comme les gens du siecle. Un jour il condamna à la mort une personne qui selon les Loix & les Coûtumes du païs ne devoit pas mourir. Aprés l'éxécution de l'Arrest, sa conscience lui en fit des reproches qui troublerent son repos durant quelque tems; & enfin les heritiers de la personne qu'il avoit injustement condamnée, obtinrent du Roi la permission d'informer contre l'Hermite qu'ils accusoient d'injustice. Le Conseil sur les informations, ordonna que l'Hermite souffriroit le mesme supplice qu'il avoit fait souffrir au deffunt : L'Hermite employa son credit & ses richesses inutilement pour sauver sa vie, l'Arrest du Conseil fut éxécuté.

J'avoüe, dit Damna, que suivant cet exemple je devrois estre puni d'avoir quitté ma solitude, pour venir servir le Roi.

Damna en cet endroit ayant cessé de parler, son éloquence fut admirée de toute la Cour. Pour le Lion, il avoit la teste baissée, & il estoit agité de tant de pensées, qu'il ne sçavoit à quoi se résoudre, ni que répondre à Damna. Pendant que le Lion estoit dans la situation que je viens de dire, & que tous les Courtisans gardoient le silence, un animal nommé Siahgousch, qui estoit un des plus fideles serviteurs du Lion, s'avança, & parla dans ces termes :

Tous ces reproches que tu fais à ceux qui servent les Rois, ne tournent qu'à ta honte : Outre que ce n'est pas à toi à proposer cette question, aprens qu'une heure de service rendu à un Roi juste, vaut mieux que soixante ans d'oraisons. Combien a-t'on vû de gens de mérite quitter leurs cellules pour aller à la Cour, où en servant les Rois, ils soulageoient les peuples, & les garantissoient des oppressions tiranniques ? L'exemple que vous allez entendre peut servir de preuve de ce que je dis.

FABLE

*D'un bon Religieux, &
d'un Derviche.*

IL demeuroit dans une Ville de Perse un vieux Religieux qui avoit la reputation dans tout le Royaume d'estre un homme tres-docte & tres-vertueux : Il se nommoit *Rouchan-Zamir*, c'est-à-dire, *Conscience claire*. Un jour un Derviche poussé par les mouvemens d'une dévotion extraordinaire, partit de Mauralnachos, qui est le nom d'une

Province de la Tartarie, pour aller voir ce Religieux dont j'ai parlé, & pour le consulter sur quelque affaire. Aprés bien des peines & du tems, il arriva au Monastere ; mais le Religieux ne s'y trouva pas, il n'y avoit que son compagnon, qui remarquant que le Derviche estoit fatigué, le pria de se reposer, lui disant : Voici l'heure que mon Compagnon revient ordinairement de la Cour, où il va tous les jours. Quand le Derviche entendit qu'un Religieux se mesloit des affaires de l'Etat : Ah ! que je suis fâché, s'écria-t'il, d'estre venu de si loin pour perdre mon tems, car il n'y a rien à gagner avec un homme qui fréquente la Cour. Ensuite de ce discours, il sortit du Convent, concevant une mauvaise opinion du Religieux. Le Chevalier du Guet ce jour-là cherchoit par tout un voleur infigne qui lui eſtoit échappé la nuit paſſée; & le Roi l'avoit menacé de le faire mourir, s'il ne le retrouvoit. Le Chevalier du Guet rencontrant le Derviche, le prit pour le ſcelerat qu'il cherchoit, & ſans l'interroger, le mena d'abord au ſupplice. Le Derviche avoit beau jurer qu'il eſtoit homme de bien, on ne l'écoutoit pas; & déja le Bourreau tenoit le couteau pour lui couper la main, (ce qui eſtoit le ſupplice auquel le voleur avoit eſté condamné) lorſque le Religieux revenant de la Cour vit le Derviche entre les mains du Bourreau; le Religieux commanda de le détacher, diſant que c'eſtoit un de ſes Confreres, & qu'il ne pouvoit avoir commis le crime dont on l'accuſoit. Auſſi-toſt le Bourreau vint baiſer l'étrier du Religieux, & alla détacher le Derviche, qui accompagna le

Religieux jusqu'au Convent. Chemin faisant, le Religieux disoit : Ne soyez pas surpris que je passe la plus grande partie de mon tems à la Cour : Je ne vis de cette maniere que pour délivrer de la mort des innocens comme vous. Alors le Derviche reconnoissant qu'il avoit fait un jugement téméraire, dit qu'il ne faloit jamais blâmer ceux qui estoient à la Cour pour la gloire de Dieu.

On voit par cet exemple, ajoûta Siahgousch, que les plus grands observateurs de la Loy ne se sont pas tous éloignez de la Cour. Et toi, dit-il à Damna, tu viens faire ici de ridicules comparaisons. Il est vrai, repartit Damna, que quelquefois les plus vertueux demeurent à la Cour ; mais c'est après avoir imploré le secours de Dieu, parce qu'ils sçavent bien que s'il ne les protege particulierement, ils ne peuvent manquer de se perdre. D'ailleurs, ils n'entrent à la Cour qu'aprés s'eftre entierement détachez de l'intereft particulier, qui eft le plus redoutable écueil qu'ils ayent à craindre. J'avoüe qu'avec un esprit si desintereffé on peut hardiment embraffer toute forte de conditions : Mais nous, qui n'avons pas cette vertu fublime, comment pourrons-nous exercer un emploi si perilleux fans perir, si ce n'eft en fervant des Rois équitables & éclairez, qui fçachans diftinguer les bons ferviteurs des méchans, récompenfent & puniffent avec juftice?

La Mere du Lion prit la parole, & dit à Damna : Vous parlez contre vous-mefme, puifque cette Affemblée n'eft ici que pour vous reprocher vos perfidies, &

la perte d'un des plus fideles sujets du Roi. Madame, repliqua Damna, sa Majesté n'ignore pas, non plus que cette Assemblée, qu'il n'y avoit nul different entre le Bœuf & moi. Tout le monde au contraire sçait qu'il ne devoit qu'à moi le rang où la faveur du Roi l'avoit élevé. Il est vrai que j'ai averti sa Majesté d'un attentat contre sa personne : Mais je n'ai rien di que je n'aye oüi de mes oreilles, ou vû de mes propres yeux. J'ai agi sans passion & sans interest : car quel avantage puis-je tirer de la mort de Chotorbé ? Les bienfaits que j'ai receus du Roi mon Maître, & mon devoir pouvoient-ils me permettre de ne l'avertir pas de tout ce qui se passoit contre lui : & tous ceux qui m'accusent presentement, ne le font que parce qu'ils me craignent ; & ils souhaitent qu'on m'ôte la vie, afin que je ne découvre pas leurs entreprises.

Damna prononça ces paroles avec tant de fermeté, que le Lion ne sçachant à quoi se résoudre, dit: Il faut le mettre entre les mains des Juges, parce que je veux que cette affaire soit bien examinée. C'est bien fait, s'écria Damna, car ceux qui jugent avec précipitation, jugent mal. Il ne faut rien faire sans connoissance de cause, de peur de se tromper, comme cette femme, dont vous allez entendre l'avanture.

FABLE

D'une Femme Coquette, & d'un Peintre.

UN Marchand de la Ville de Cachmir avoit une tres-belle femme, qui aimoit, & qui eſtoit aimée d'un Peintre, lequel excelloit dans ſon Art. Ces deux Amans ne négligeoient aucune occaſion de ſe voir. Un jour la Maitreſſe dit à l'Amant : Quand vous voulez me parler, vous eſtes obligé de contrefaire voſtre voix, de jetter des pierres, de ſiffler, ou de cracher ; je voudrois bien vous épargner toutes ces peines. Ne pouvez-vous pas trouver quelque invention qui nous ſerve de ſignal ? Hé bien, répondit le Peintre, je veux peindre deux voiles de deux couleurs: la blancheur de l'un surpassera celle de l'étoile qu'on voit dans l'eau, & la noirceur de l'autre fera honte aux cheveux des Mores. Lorsque vous me verrez sortir avec ces voiles, vous sçaurez ce qu'ils signifieront. Le Valet du Peintre, qui n'estoit pas moins amoureux de cette femme que son Maistre, estant dans un cabinet auprés de celui du Peintre, entendit faire cette proposition; il en fut bien-aise, parce qu'il espera d'en profiter. Effectivement, un jour que son Maistre estoit allé faire un portrait en Ville, il prit le Voile d'assignation, avec lequel il passa pardevant le logis de la Marchande, qui estoit à la fenestre. Elle ne l'eut pas plûtost aperceu, que sans considerer ni le visage, ni les manieres du Valet,

elle descendit, & receut ses caresses, comme elle avoit coutume de recevoir celles du Peintre. Le Valet, aprés avoir contenté sa passion, retourna au logis, & remit le Voile où il l'avoit pris. Le Peintre estant de retour eut envie de voir sa Maitresse, qui fut fort étonnée de remarquer encore le Voile: Elle courut audevant du Peintre, à qui elle demanda imprudemment la cause d'un si prompt rétour. Le Peintre se doutant de la chose, ne dit mot, mais il la quitta brusquement, alla trouver son Valet, & lui fit payer bien cher le plaisir qu'il avoit goûté; & puis faisant reflexion sur la facilité que la Marchande avoit euë à satisfaire les desirs de son Valet, il rompit tout commerce avec elle. Or si cette femme n'eût pas cedé si viste à l'emportement de ce Valet, elle
n'auroit

n'auroit pas perdu un Amant si passionné.

La Mere du Lion remarquant que son fils écoutoit avec plaisir Damna, eut peur que ce fin Renard n'arrêtât par son éloquence le cours de la Justice. Il semble, dit-elle au Lion, que Damna vous paroisse innocent, & que vous regardiez comme des calomniateurs ceux qui ont déposé contre lui. Je n'aurois jamais crû, continua-t-elle, qu'un Roi qui passe pour le plus juste des Rois, pût se laisser séduire par les belles paroles d'un criminel, qui tâche d'éviter les rigueurs de la Loy. En disant cela, elle se leva de colere, & se retira dans son apartement. Le Lion, pour plaire à sa Mere, ou plûtost commençant à croire Damna coupable, le fit mettre en prison. Quand tout le monde fut sorti de la chambre

S.

du Roi, sa Mere y rentra, & dit: Je ne sçai comment ce bel esprit s'est laissé emporter à un semblable crime. C'est l'envie, répondit le Roi, qui lui a fait commettre cette lâcheté. L'envie, poursuivit-il, est un vice qui tient l'esprit dans une inquiétude actuelle; & il y a même des envieux, qui sçavent mauvais gré à ceux qui leur font du bien, comme vous le verrez par cet exemple.

FABLE

De trois envieux qui trouverent de l'argent.

TRois hommes voyageoient ensemble; le plus vieux dit aux autres: Aprenez-moi, s'il vous plaist, pourquoi vous estes sortis de vos maisons pour voyager. J'ai quitté mon païs, répondit l'un, parce que je ne pouvois soûtenir la vûë de quelques personnes que je haïssois plus que la mort; & cela ne procede que d'une humeur jalouse qui ne sçauroit souffrir le bonheur d'autrui. La mesme maladie, dit le troisiéme, me tourmente, & me fait courir le monde. Nous sommes donc tous trois, reprit le plus vieux, possedez de la mesme passion. Or ces hommes estant de la mesme humeur, ils s'accorderent d'abord assez bien ensemble. Un jour en passant par une vallée, ils aperceurent une grosse somme d'argent que quelque voyageur avoit laissé tomber en cet endroit. Ils descendirent de cheval aussi-tost tous trois, & se dirent l'un à l'autre : Partageons cet argent, & retournons à nos logis, où nous nous divertirons : mais ils ne disoient cela que de bouche, car chacun d'eux ne pouvant se résoudre à laisser à son compagnon le moindre profit, ne sçavoit s'il devoit passer outre sans toucher à cet argent, afin que les autres en fissent de mesme. Ils demeurerent en ce lieu à rêver là-dessus durant un jour & une nuit sans boire ni manger, dans une extréme inquiétude. Deux jours aprés, le Roi du païs qui chassoit avec toute sa Cour, arriva dans la vallée. Il s'aprocha de ces trois hommes, & leur demanda ce qu'ils faisoient là avec l'argent qui estoit par terre. Se voyant surpris, ils ne purent s'empêcher de dire la verité. Sire, répondirent-ils, nous sommes tous trois agitez de la mesme passion, qui est l'envie; elle nous a fait quitter nôtre patrie, & elle nous accompagne par tout. Vous feriez, ajoûterent-ils, une action bien charitable, si vous pouviez nous guerir de cette passion. Que chacun de vous, dit le Roi, m'aprenne jusqu'à quel point il est envieux, afin que j'y rémédie, si je puis. Mon envie, dit l'un, va jusques là que je ne puis faire du bien à qui que ce soit. Vous estes un fort honneste homme en comparaison de moi, s'écria le second, car je ne sçaurois souffrir qu'une personne fasse du bien à une autre, loin d'en faire moi-mesme. Le troisiéme prenant la parole, dit : Vous ne possedez pas tous deux l'envie dans un si éminent degré que moi, puisque non seulement je ne puis obliger ni voir obliger personne ; mais je ne puis même souffrir qu'on m'oblige. Le Roi fut si étonné d'entendre ces discours, qu'il ne sçavoit que répondre : A la fin, aprés avoir long-tems révé, il leur dit : Vous ne méritez pas que je vous laisse cet argent; en même tems il le leur fit ôter, & les condamna à des supplices qu'ils méritoient. Celui qui ne pouvoit faire du bien, fut envoyé dans les deserts, nuds pieds, & sans vivres. On coupa la teste à celui qui ne pouvoit voir faire du bien, parce qu'il estoit indigne de vivre, puis qu'il n'aimoit que le mal: Et enfin, celui qui ne pouvoit souffrir qu'on lui fist du bien, on le laissa vivre, sa passion estant son supplice, & on le mit dans l'endroit du Royaume où il se faisoit le plus d'actions charitables & de bienfaits: ce qui lui causa tant de dépit, qu'il en mourut.

Voila, continua le Lion, ce que c'est que l'envie. Il faudroit donc dit sa Mere, faire mourir Damna au plûtost, puisqu'il est atteint d'un vice si dangereux. Je n'en suis pas bien asseuré, repartit le Lion, & je veux l'en estre, avant que de le condamner.

Aprés qu'on eut conduit en prison Damna, Kalile sa femme touchée de compassion, l'alla voir, & lui tint ce discours : Je vous l'avois bien dit, qu'il ne falloit pas éxécuter vostre entreprise, car ceux qui ont de l'esprit ne commencent jamais une affaire, sans avoir meurement consideré quelle en sera la fin : On ne doit pas planter un arbre, sans sçavoir quel fruit il doit produire. Pendant que Kalile & Damna s'entretenoient, il y avoit dans la prison un Ours qu'ils ne voyoient pas, & qui les écoutoit, pour s'en servir en tems & lieu.

Le lendemain de grand matin la mesme Compagnie du jour précedent se rassembla ; & aprés que chacun eut pris sa place, la

Mere du Lion parla en ces termes : On n'est pas moins coupable de différer le châtiment d'un criminel, qu'en précipitant la condamnation d'un innocent; & lors qu'un Roi ne punit pas un méchant, il ne péche pas moins que s'il en estoit complice. Le Lion trouvant ce raisonnement judicieux, commanda de travailler au procés de Damna. Alors le Lieutenant du Juge se levant de sa place, pria les assistans de dire leur opinion sur cette affaire, disant que cela produiroit trois choses avantageuses. La premiere, que la vérité seroit connuë, & la justice exercée. La seconde, que les méchans & les traistres seroient punis selon la volonté de Dieu; & la troisiéme enfin, que la société seroit purgée des fourbes, qui par leurs artifices en troubloient le repos. Personne
ne

ne sçachant la vérité de cette affaire, toute l'Assemblée n'osa rien dire. Ce qui donna lieu à Damnade parler plus hardiment. Sans faire toutefois paroître sa joye, il dit: Sire, si j'avois commis le crime dont on m'accuse, je tirerois quelque avantage de ce silence general; mais je me sens si innocent, que j'attens avec indifference la fin de cette Assemblée. Je dirai neanmoins en passant que personne ne voulant dire son sentiment sur cette affaire, c'est une marque certaine qu'on me croit innocent. Qu'on ne me blâme point de prendre la parole pour me justifier; je suis excusable en cela, puisqu'il est permis à chacun de se défendre. Je conjure, poursuivit-il, toute cette illustre Compagnie, de dire en presence du Roi tout ce qu'elle sçait de moi; mais qu'elle prenne garde d'avancer une

T

chose qui ne soit pas vraye : autrement il lui arrivera ce qui arriva au Medecin ignorant, dont voici l'avanture.

FABLE

D'un Medecin ignorant.

IL y avoit un homme sans science & sans experience qui se disoit Medecin : Il estoit cependant si ignorant, qu'il confondoit la Colique avec l'Hydropisie, & il ne sçavoit pas seulement distinguer la Rhubarbe du Bezoart. Il ne visitoit jamais deux fois un malade, car dés la premiere il le faisoit mourir. Il y avoit au contraire dans la même Province un autre Medecin qui estoit si habile, qu'il guerissoit les maladies desesperées par la vertu des simples, dont il avoit une parfaite connoissance, &

dont il se servoit dans toutes ses Ordonnances. Or ce sçavant homme devint aveugle, & ne pouvant plus aller voir ses malades, il se retira dans une solitude, pour y vivre en repos. Le Medecin ignorant n'eut pas plûtost apris la retraite d'un homme qu'il ne voyoit pas sans envie, qu'il commença de faire éclater son ignorance, en voulant montrer son sçavoir. Un jour la fille du Roi du païs tomba malade : on eut recours au bon Medecin, parce que outre qu'il avoit déja servi à la Cour, on estoit persuadé qu'il estoit plus habile que celui qui tâchoit de se mettre en vogue. Le sçavant Medecin estant dans la chambre de la Princesse, & ayant apris la qualité de sa maladie, ordonna une certaine pilule composée de certaines drogues qu'il nomma. On lui demanda où ces drogues se pourroient trouver. Autrefois, répondit le Medecin, j'en ai vû dans le Tréſor ; mais à preſent que je ſuis aveugle, & qu'il y a quantité d'autres boëtes confonduës avec celles-là, je ne les ſçaurois diſtinguer. Le Medecin ignorant qui eſtoit preſent, dit qu'il connoiſſoit bien ces drogues, & qu'il ſçavoit même de quelle maniere on s'en devoit ſervir. Allez donc dans mon Tréſor, lui dit le Roi, & prenez ce qu'il faut pour compoſer cette pilule. L'Ignorant entra dans le Tréſor, & ſe mit à chercher la boëte dans laquelle devoient eſtre ces drogues : mais comme il y avoit pluſieurs boëtes ſemblables, il ne put diſtinguer les drogues qu'il falloit, ne les connoiſſant pas. Dans cet embarras, ne ſçachant que faire, il aima mieux prendre une boëte à tout hazard, que d'aller avoüer son ignorance : Mais il ne sçavoit pas que ceux qui se meslent de ce qu'ils n'entendent pas, s'en repentent tost ou tard. Il y avoit dans la boëte qu'il choisit un poison tres-subtil, dont il composa des pilules, qu'il fit prendre à la Princesse, qui mourut à l'heure même. Aussi-tost le Roi fit arrêter ce Medecin ignorant, & le condamna à mort.

Cet exemple, poursuivit Damna, vous montre qu'il ne faut jamais dire ni faire une chose qu'on ne sçait pas. On voit à vostre physionomie, interrompit un des Assistans, que vous ne valez rien, & que vous estes un fourbe. Alors le Juge demanda à celui qui venoit de parler, quelle certitude il avoit de ce qu'il avançoit. Les Physionomistes remarquent, répondit-il, que ceux qui ont les sourcils séparez, l'œil gauche chassieux &

plus grand que l'œil droit, le nez tourné du costé gauche, & qui faisant les hypocrites, ont toûjours les yeux baissez en terre, sont ordinairement traistres & flateurs : C'est pourquoi, Damna ayant tous ces signes, j'ai crû dire la verité, en disant qu'il ne valoit rien. Vostre science n'est pas seure, s'écria Damna, c'est Dieu qui nous forme comme il lui plaist, & nous donne telle physionomie que bon lui semble : Si ce que vous dites estoit vrai, & que chacun portât écrit sur son visage tout ce qu'il a dans l'ame, & que par là on pût sans se tromper, distinguer les bons des méchans, il ne seroit pas besoin d'avoir des Juges & des Témoins pour terminer les differens qui naissent dans la vie civile. Il seroit même injuste de faire jurer les uns, & de donner la question aux autres, pour en tirer la vérité, puis qu'on la verroit si clairement. D'ailleurs, si les signes dont vous venez de parler, imposoient une nécessité aux personnes qui les ont, ne seroit-ce pas encore une injustice de châtier les mechans, puis qu'ils ne sont pas libres dans leurs actions. Il faudroit donc conclure, suivant cette maxime, que si je suis cause de la mort de Chotorbé (ce qui n'est pas) je ne mérite point de châtiment, puisque je ne suis pas maistre de mes actions, & que j'ai esté forcé par les marques que je porte. Vous voyez donc par ce raisonnement que le vostre n'est pas bon. Damna ayant fermé la bouche à celui des Assistans qui venoit de parler, personne n'osa plus rien dire : ce qui obligea le Juge de renvoyer Damna encore une fois en prison ; & cependant on raporta au Roi tout ce qui s'eſtoit paſſé.

Damna eſtant en priſon, voulut envoyer quelqu'un à Kalile, pour lui dire qu'il la prioit de le venir voir : Mais un Renard, qui ſe trouva là par hazard, lui épargna cette peine, en lui aprenant la mort de Kalile, à qui la douleur de voir ſon mari dans une ſi méchante affaire, avoit ôtè la vie. Cette nouvelle toucha ſi vivement Damna, que ne ſe ſouciant plus de vivre, il parut inconſolable. Le Renard eſſayoit de le conſoler, en lui diſant que s'il avoit perdu une femme ſi chere, il avoit en récompenſe trouvé en lui un ami fidele. Damna voyant qu'il n'avoit plus perſonne en qui il pût avoir de la confiance, & que ce Renard lui offroit ſes ſervices de bonne grace, il les receut. Je vous prie, lui dit Damna, d'aller à la Cour, & de me raporter fidelement ce qu'on y dit de moi : c'est la premiere preuve d'amitié que je vous demande. Tres-volontiers, répondit le Renard. Adieu, je vous laisse, je vais observer ce qui se passe à la Cour. En même tems il partit. Le lendemain à la pointe du jour la Mere du Lion alla trouver son fils, à qui elle demanda ce qu'on avoit fait de Damna. Il est encore en prison, répondit le Roi. Vous avez bien de la peine à le condamner, reprit la Mere : craignez qu'il ne vous échappe à la fin par son adresse. Si vous voulez estre presente, dit le Roi, vous verrez ce qui se résoudra. Aprés avoir dit cela, il ordonna qu'on fist venir Damna, afin qu'on terminât son affaire. Cet Ordre fut exécuté promptement, & le prisonnier estant en presence des Juges qui s'estoient assemblez, le Lieutenant se leva, & fit la mesme demande que le jour precedent ; c'est-à-dire, qu'il pria encore les Assistans de parler, s'ils avoient quelque chose à déposer contre Damna : Mais personne ne dit rien. Ce que remarquant Damna : Je voy bien, s'écria-t'il, que personne ne veut porter aucun faux témoignage, de peur de s'exposer au châtiment qu'éprouva le Fauconnier, pour avoir soutenu une fausseté.

FABLE

D'une Femme vertueuse, & d'un Valet impudent.

UN Bourgeois fort honneste homme avoit une femme aussi sage que belle : Il avoit pour Valet un garçon fort vitieux ; mais il ne pouvoit se résoudre à le mettre dehors, parce qu'il estoit bon Fauconnier. Or comme c'est la coûtume du Levant de tenir les femmes cachées, suivant cette Loy ce Valet n'avoit jamais vû sa Maitresse : mais un jour l'ayant vûë par hazard, il en devint passionnément amoureux : Il la fit solliciter par une confidente à satisfaire ses sales desirs ; mais il perdoit toutes ses peines, parce qu'il avoit affaire à une femme tres-vertueuse. A la fin desesperant de s'en faire aimer, son amour se changea en haine, & il médita une sanglante vangeance. Pour cet effet il'alla au Marché, & acheta deux Perroquets, à l'un desquels il aprit à prononcer ces mots *J'ay veu la Maitresse couchée avec le Valet*; & à l'autre : *Pour moy, je ne dis mot.* Peu de tems aprés le Bourgeois ayant convié quelques-uns de ses amis à un festin, & tout le monde estant à table, ces Perroquets commencerent à répeter leur leçon. Il faut sçavoir que le Valet leur avoit apris à dire ces paroles dans le langage de son païs : ce que le Maitre, la Maitresse, & les autres domestiques n'entendant pas, personne ne prenoit garde à cela ; mais les conviez, qui par hazard estoient du païs du Valet, n'eurent pas plûtost oüi les Perroquets, qu'ils cesserent de manger. Le Bourgeois étonné, leur en demanda le sujet : N'entendez-vous pas, répondit un des conviez, ce que disent ces Oiseaux ? Non, repartit le Bourgeois ; Ils disent, reprit le même convié qui venoit de parler, que vostre Valet vous fait Cocu. Le Bourgeois fut tellement surpris d'entendre ces paroles, qu'il demanda pardon à ses amis de les avoir fait manger dans un lieu où se commettoit cette impureté. Le Valet se servant de cette occasion pour aigrir davantage son Maistre contre sa femme, dit que cela estoit vrai : ce qui mit le Bourgeois dans une si grande fureur, qu'il commanda qu'on fist mourir sa femme. Elle dit à ceux qui venoient pour éxécuter le commandement de son mari, qu'elle estoit preste à souffrir le supplice qu'il lui destinoit : mais qu'elle auroit souhaité qu'il l'eût écoutée auparavant, parce que si son innocence estoit reconnuë, il se repentiroit inutilement de l'avoir fait mourir. Cela ayant esté raporté au mari, il la fit venir dans un petit cabinet, où lui ordonnant de se tenir derriere un voile, il lui dit de se justifier, si elle le pouvoit : car ces Oiseaux, disoit-il, ne sont pas raisonnables, & par consequent on ne peut les accuser de supposition ni de corruption ; Comment vous justifierez-vous donc ? Vous estes obligé, répondit la femme, de bien connoître la vérité, avant que de me condamner. Sçachez, ajoûta-t'elle, de ces Messieurs, si ces Oiseaux ont une suite de discours, ou s'ils répetent toûjours la mesme chose. S'ils ne disent que la mesme chose, soyez persuadé que c'est un artifice dont s'est servi vostre Valet pour me mettre mal en voſtre eſprit, ne pouvant obtenir de moi les faveurs qu'il deſiroit. Le Bourgeois jugeant par ce diſcours que ſa femme pouvoit n'eſtre pas coupable, alla trouver les conviez, leur porta les Oiſeaux, & les ſupplia de voir durant deux ou trois jours ſi ces Oiſeaux diroient quelqu'autre choſe que ce qu'ils avoient entendu. Ce que les conviez firent. Ils trouverent en effet, que les Perroquets ne ſçavoient que la même leçon: Ils en avertirẽt le Bourgeois, qui reconnut l'innocence de ſa femme, & la malice de ſon Valet, qu'il envoya querir. Le Valet parut auſſi-toſt, avec un Faucon ſur le poing. O! méchant, lui dit la femme, pourquoi m'avez-vous accuſéé d'un ſi lâche crime? Parce que vous l'avez commis, répondit le Valet. Il n'eut pas plûtoſt répondu cela, que le Faucon qui estoit sur son poing, lui sauta au visage, & lui creva les yeux. Voilà quel fut le fruit de son insolence & de sa médisance.

Cet exemple, poursuivit Damna, nous fait voir de quelle importance il est de ne porter jamais un faux témoignage : car cela tourne toûjours à nostre confusion. Aprés que Damna eut cessé de parler, le Lion regardant sa Mere, lui demanda son avis. Je voy bien, répondit-elle, que vous aimez ce méchant, qui ne causera que du desordre en vostre Cour, si vous n'y prenez garde. Je vous supplie, reprit le Lion, de me dire qui vous a si fort prévenuë contre Damna. Il n'est que trop vrai, répliqua la Mere du Roi, qu'il a commis le crime qu'on lui impute ; mais je ne découvrirai pas la personne qui m'a confié ce secret. Cependant je vais sçavoir de lui,

lui, s'il veut que je l'apelle à témoin : Ce qu'elle fit à l'heure même ; elle se retira chez elle, & envoya querir le Leopard. Lors qu'il fut arrivé, elle lui dit : Viens, je te prie, declarer hardiment ce que tu sçais de Damna. Madame, répondit, le Leopard, vous sçavez que je suis prest à me sacrifier pour votre Majesté, disposez de moi comme il vous plaira. La Mere du Lion mena aussi-tost le Leopard au Roi, à qui elle dit : Voici le témoin irreprochable que j'ai à produire contre Damna. Alors le Lion s'adressant au Leopard, lui demanda, quelles preuves il avoit de la perfidie de l'accusé. Sire, répondit le Leopard, j'ai voulu exprés cacher cette vérité pendant quelque tems, pour voir quelles raisons il aporteroit pour se justifier. Alors le Leopard fit un long recit de ce qui s'estoit passé entre Kalile & son mari. Cette déposition ayant esté faite en présence de plusieurs Animaux, elle ne tarda guere à estre divulguée par tout, & confirmée par un second Témoin, qui fut l'Ours dont j'ai cy-devant parlé. On confirma les Témoins, & on interrogea le criminel, qui ne sceut que répondre alors. Ce qui détermina enfin le Lion à prononcer son Arrest. Il le condamna à estre enfermé entre quatre murailles, où on le laissa mourir de faim.

Ces deux Chapitres doivent aprendre aux trompeurs & aux flateurs qu'ils doivent se corriger, & je pense avoir assez fait voir qu'un médisant a presque toûjours une fin malheureuse, outre qu'il se rend odieux dans la société. Celui qui plante des épines, ne doit pas esperer de cultiver des roses.

CHAPITRE III.

Comme il faut se faire des amis, & quels avantages on peut tirer de leur commerce.

Vous venez, dit le Roi, de me raconter l'Histoire d'un fourbe, qui sous de fausses apparences d'amitié, a causé la mort d'un innocent : Je vous prie de me dire de quelle utilité sont les amis dans la vie civile. Il faut, répondit le Bramine, que vostre Majesté sçache, que les honnestes gens n'estiment rien tant au monde qu'un véritable ami ; parce que c'est un autre nous-mêmes, à qui nous communiquons nos plus sécretes pensées, qui partage nostre joye, & qui nous console quand nous sommes affligez : Ajoûtez à cela que sa compagnie nous fait beaucoup de plaisir. La Fable que je vas vous conter vous fera mieux comprendre quelles sont les douceurs d'une amitié reciproque.

FABLE

D'un Corbeau, d'un Rat, d'un Pigeon, d'une Tortuë, & d'une Gazelle.

IL y avoit aux environs de Cachmir un lieu tres-agreable ; & comme il estoit rempli de gibier, on y voyoit tous les jours des Chasseurs. Un Corbeau aperceut au pied d'un arbre, au haut duquel il avoit son nid, un homme qui tenoit un filet en sa main. Le Corbeau eut peur, s'imaginant que c'estoit à lui que le Chasseur en vouloit: Neanmoins il cessa de craindre, lors qu'il eut observé les mouvemens du personnage, lequel aprés avoir tendu son filet à terre, & répandu quelques grains pour attirer les Oiseaux, alla se cacher derriere une haye. Il n'y fut pas plûtost, qu'une troupe de Pigeons affamez vint fondre sur les grains, sans écouter leur Chef qui voulut les en empêcher, en leur disant qu'il ne faloit pas si brutalement s'abandonner à ses passions. Ce sage Chef, qui estoit un vieux Pigeon nommé *Montavaca*, les voyant si indociles, eut envie de s'éloigner d'eux ; mais le destin qui nous entraine imperieusement, le contraignant de suivre la fortune des autres, il descendit à terre avec eux. Lors qu'ils se virent tous sous le filet, & sur le point de tomber entre les mains du Chasseur qui s'avançoit pour les prendre : Hé bien, leur dit Montavaca, me croirez-vous une autre fois ? Je voy bien, continüa-t'il, s'apercevant qu'ils se débattoient, que chacun de vous ne songe qu'à se sauver, sans se soucier de ce que deviendra son compagnon. Ce n'est pas là le procedé des vrais amis. Il faut songer à se soulager les uns les autres ; & peut-être qu'une action si charitable nous sauvera tous. Efforçons-nous donc tous ensemble de rompre le filet : ils obéïrent tous à Montavaca, & firent en même tems un si grand effort qu'ils arracherent le filet, & l'enleverent en l'air. Le Chasseur fâché de perdre une si belle proye, suivit les Pigeons, dans l'esperance que la pesanteur du filet les lasseroit.

Cependant le Corbeau voyant tout cela, dit en lui-même ;

Voilà une avanture bien singuliere, j'en veux voir la fin; pour cet effet il suivit de loin les Pigeons. Montavaca remarquant que le Chasseur paroissoit résolu de ne les point abandonner; Ce méchant homme, dit-il à ses compagnons, ne cessera point de nous suivre, qu'il ne nous ait perdu de vûë : Alons du costé des Bois & des vieux Châteaux, afin que quelque muraille, ou quelque forest bien épaisse, en nous dérobant à ses yeux, l'oblige à se retirer. Effectivement cet expedient réüssit : une forest empêchant bien-tost le Chasseur de les voir, il retourna sur ses pas fort affligé. Pour le Corbeau, il les suivoit toûjours, & il n'avoit pas peu de curiosité de sçavoir comment ils se dégageroient du filet qui les tenoit liez, afin de se servir de ce secret en pareil cas. Les Pigeons ne voyant plus le Chasseur à leurs trousses, sentirent beaucoup de joye ; mais ils ne sçavoient que faire pour briser leurs liens : Montavaca qui estoit fertile en inventions, en trouva une pour cela. Il faut, leur dit il, nous adresser à quelque intime ami, qui sans trahison nous détache : Je connois, ajoûta-t'il, un Rat qui ne demeure pas loin d'ici : c'est un fidele ami, il se nomme Zirac ; il pourra ronger le filet, & nous donner la liberté. Les Pigeons qui ne demandoient pas mieux, y consentirent. Ils arriverent bien-tôt auprés du trou où estoit le Rat, qui sortit au bruit des aisles. Il fut fort surpris de voir Montavaca ainsi enveloppé dans un filet. O mon cher ami, lui dit-il, qui vous a mis en cet état ? Montavaca lui ayant conté toute l'avanture, Zirac commença d'abord à ronger

ger le fil qui tenoit Montavaca; mais Montavaca lui dit: Je te prie de dégager premierement mes compagnons. Zirac qui souffroit à le voir ainsi lié, continüoit sa besogne. Je te conjure encore une fois, s'écria Montavaca, de mettre mes compagnons en liberté auparavant moi: Car outre qu'estant leur Chef, je suis obligé d'en avoir soin, je crains que la peine que tu prendras à me détacher, ne t'empêche de continüer à rendre ce bon office aux autres: au lieu que l'amitié que tu as pour moi t'excitera à les délivrer promptement pour venir rompre mes chaînes. Le Rat admirant ce raisonnement, loüa la vertu de Montavaca, & se mit à briser les liens des Pigeons: ce qui fut bien-tost fait. Montavaca se voyant en liberté avec ses compagnons, prit congé de Zirac, en lui faisant mille remercîmens. Dés qu'ils furent partis, le Rat rentra dans son trou.

Le Corbeau qui consideroit tout cela, eut une extréme envie de faire connoissance avec Zirac. Pour cet effet il s'aprocha du trou, & apella le Rat par son nom. Zirac effrayé de cette voix inconnuë, demanda qui estoit là. Le Corbeau répondit : C'est un Corbeau qui a quelque chose d'important à te communiquer. Quelle affaire, reprit le Rat, pouvons-nous avoir ensemble, nous qui sommes ennemis ? Alors le Corbeau lui dit, qu'il souhaitoit d'estre des amis d'un Rat qu'il sçavoit estre un ami sincere. Je te prie, repartit Zirac, de chercher un animal dont l'amitié convienne mieux à la tienne : Tu perds le tems à me vouloir persuader une amitié incompatible. Ne vous arrestez point à ces incompatibilitez, dit le Corbeau, & faites une action genereuse, en ne refusant à personne le secours qu'il desire de vous. Vous avez beau, repliqua Zirac, me parler de generosité, je connois trop vos finesses ; en un mot, nous sommes d'une espece si differente, que nous ne pouvons avoir de communication ensemble. L'exemple de la Perdrix qui accorda trop légérement son amitié à un Faucon qui la lui demandoit, me rendra sage.

FABLE

D'une Perdrix, & d'un Faucon.

UNe Perdrix, poursuivit Zirac, se promenoit au pied d'une coline, & chantoit si agreablement, qu'un Faucon qui paſſoit par là, & qui l'entendit, ſouhaita d'avoir ſon amitié. Perſonne ne peut vivre ſans un ami, diſoit-il en lui-meſme: puiſque les Sages diſent que ceux qui n'ont point d'amis, ſont dans une maladie continüelle. Il voulut donc s'aprocher de la Perdrix ; mais elle ne l'eut pas plûtoſt aperceu, qu'elle ſe ſauva dans un trou agitée d'une frayeur mortelle. Le Faucon ne laiſſa pas de la ſuivre, & ſe preſentant à l'entrée du trou : O ma chere Perdrix, lui dit-il, j'ai eu juſqu'ici de l'indifference pour vous, parce que je ne connoiſſois pas voſtre mérite ; mais puiſque mon bonheur me le fait connoître aujourd'hui, trouvez bon que je vous offre mon amitié, & que je vous prie de m'accorder la voſtre. Tiran, répondit la Perdrix, laiſſes moi vivre, & ne t'efforces pas inutilement d'accorder l'eau & le feu. Aimable Perdrix, repliqua le Faucon, banniſſez ces vaines craintes, ſoyez perſuadée que je vous aime, & que je veux avoir commerce avec vous : Si j'avois un autre deſſein, je ne m'amuſerois point à vous parler avec tant de douceur pour vous faire ſortir de ce trou ; j'ai de ſi bonnes ſerres, que j'aurois déja attrapé plus d'une douzaine de Perdrix, depuis le tems qu'il y a que je m'entretiens avec vous. Je ſuis ſeur que vous ſerez bien-aiſe d'eſtre mon amie. Premierement, aucun Faucon ne vous fera du mal dés que vous ſerez ſous ma protection. Secondement, eſtant dans mon nid, vous ſerez honorée de tout le monde : & enfin je vous donnerai une femelle qui vous tiendra compagnie. Quand tout cela ſeroit vrai, repartit la Perdrix, je ne dois pas accepter

X iij

la proposition que vous me faites : car vous eſtant le Prince des Oiſeaux, & moi un foible animal, ſi-toſt que je ferai quelque choſe qui vous ſera deſagreable, vous ne manquerez pas de me tuer. Non, non, dit le Faucon, ayez l'eſprit en repos là-deſſus : On pardonne aiſément une faute à un ami. Enfin le Faucon témoigna tant d'amitié à la Perdrix, qu'elle ne put ſe défendre de ſortir de ſon trou. Elle n'en fut pas plûtoſt dehors, que le Faucon ſe mit à l'embraſſer tendrement : Il la porta dans ſon nid, où pendant deux ou trois jours il ne ſongea qu'à la divertir. La Perdrix ravie de ſe voir tant careſſée, voulut parler plus librement qu'elle n'avoit fait encore : ce qui commença de déplaire au Faucon, mais il diſſimula. Un jour il tomba malade, ce qui l'empêcha d'aller à la chasse : la faim vint ; & comme il n'avoit pas de quoi la satisfaire, il devint chagrin. Sa mavaise humeur allarma la Perdrix, qui se tenoit en un coin dans une contenance fort modeste : mais le Faucon ne pouvant plus souffrir la faim qui le pressoit, résolut de faire à la Perdrix une querelle d'Allemand. Il n'est pas raisonnable, lui dit-il brusquement, que vous soyez à l'ombre, pendant que tout le monde est exposé à l'ardeur du Soleil. La Perdrix répondit en tremblant : Roi des Oiseaux, il est déja nuit, tout le monde est à l'ombre aussi-bien que moi, & je ne sçai de quel Soleil vous voulez parler. Insolente, repliqua le Faucon, est-ce que je suis un menteur ou un insensé ? En disant cela, il se jetta sur elle, & la mangea.

N'esperez donc plus, poursuivit le Rat, que sur la foi de vos promesses je me mette au hazard d'éprouver avec vous le même sort. Entrez en vous-même, répondit le Corbeau, & songez que je ne puis faire un grand régal d'un petit corps comme le vôtre : mais je sçai que vôtre amitié me peut estre fort utile. Ne me refusez donc pas cette grace. Les Sages, reprit le Rat, nous avertissent de prendre garde de nous laisser aller aux belles paroles de nos ennemis, comme ce Cavalier, dont voici l'Histoire.

FABLE

D'un homme, & d'une Couleuvre.

UN homme monté sur un Chameau passoit par un boccage : Il alla se reposer dans un endroit d'où une caravane venoit de partir, & où elle avoit laissé du feu, dont quelques étincelles poussées par le vent, enflammoient un buisson, dans lequel il y avoit une couleuvre. Elle se trouva si promptement environnée de flammes, qu'elle ne sçavoit par où sortir. Elle aperceut en ce moment cet homme dont je viens de parler, & elle le pria de lui sauver la vie. Comme il estoit naturellement pitoyable, il dit en lui-même : Il est vrai que ces animaux sont ennemis des hommes, mais aussi les bonnes actions sont tres-estimables : & quiconque séme la grene des bonnes œuvres, ne peut manquer de cueillir le fruit des benedictions. Aprés avoir fait cette reflexion, il prit un sac qu'il avoit, & l'ayant attaché au bout de sa lance, il le tendit à la couleuvre, qui se jetta aussi-tost dedans. L'homme aussi-tost le retira, & en fit sortir la Couleuvre, lui disant qu'elle pouvoit aller où bon lui sembleroit, pourveu qu'elle ne nuisist plus aux hommes, aprés en avoir receu un si grand service. Mais la Couleuvre répondit : Ne pensez pas que je veüille m'en aller de la sorte : je veux auparavant jetter ma rage sur vous & sur vostre Chameau. Soyez juste, repliqua l'Homme, & dites moi s'il est permis de récompenser le bien par le mal. Je ne ferai en cela, repartit la Couleuvre, que ce que vous faites vous-même tous les jours, c'est-à-dire, reconnoistre une bonne action par une mauvaise, & payer d'ingratitude un bienfait receu. Vous ne sçauriez, reprit l'Homme, prouver cette proposition ; & si vous me montrez quelqu'un qui soit de vostre opinion, je consentirai à tout ce que vous voudrez. Hé bien, repartit la Couleuvre, qui voyant une Vache, dit: Proposons à cette Vache nostre question, & nous verrons ce qu'elle répondra. L'Homme y ayant consenti, ils s'aprocherent de la Vache, à qui la Couleuvre demanda comment il faloit reconnoistre un bienfait? Par son contraire, répondit la Vache, selon la loi des hommes; & je sçai cela par experience: J'apartiens, ajoûta-t'elle, à un homme qui tire de moi mille profits; je lui donne tous les ans un Veau, je fournis sa maison de lait, de beurre & de fromage; & à present que je suis vieille, & que je ne suis plus en état de lui faire du bien, il m'a mis dans ce pré pour m'engraisser, dans le dessein de me faire couper la gorge un de ces jours par un Boucher, à qui il m'a déja venduë. N'est-ce pas là recompenfer le bien par le mal. La Couleuvre prit la parole, & dit à l'homme : Hé bien, ne vous ai-je pas voulu traiter felon vos coûtumes ? L'Homme fut fort étonné, & répondit : Ce n'eſt pas aſſez d'un témoin pour me convaincre, il en faut deux. Je le veux, repliqua la Couleuvre, adreſſons-nous à cet Arbre qui eſt devant nous. L'Arbre ayant apris le ſujet de leur difpute, leur dit : Parmi les hommes les biensfaits ne ſont récompenſez que par des maux, & je ſuis un triſte exemple de leur ingratitude. Je garantis les paſſans de l'ardeur du Soleil : oubliant toutefois bien-toſt le plaiſir que leur a fait mon ombrage, ils coupent mes branches, en font des bâtons & des manches de coignée, & par une horrible barbarie ils ſcient mon tronc pour en faire des ais. N'est-ce pas là mal reconnoître un bienfait receu ? La Couleuvre alors regardant l'Homme, lui demanda s'il estoit satisfait ; il ne sçavoit que répondre, tant il estoit confus ; neanmoins cherchant à se tirer d'affaire, il dit à la Couleuvre : Prenons encore pour juge le premier animal que nous rencontrerons ; donne-moi cette satisfaction, je t'en prie, car tu sçais que la vie est fort chere. Pendant qu'il parloit ainsi, il passa par là un Renard que la Couleuvre arrêta, le conjurant de mettre fin à leur different. Le Renard voulut sçavoir de quoi il s'agissoit. J'ai rendu un grand service à la Couleuvre dit l'Homme, & elle me veut persuader que pour récompense il me faut faire du mal. Elle a raison, s'écria le Renard ; mais aprenez moi quel bien elle a receu de vous. L'Homme lui raconta de quelle maniére il l'avoit retirée des flammes avec le petit sac qu'il lui montra. Quoi, reprit le Renard en riant, vous prétendez me faire acroire qu'une si grosse couleuvre est entrée dans un si petit sac? cela me paroist impossible; & si la Couleuvre veut y rentrer pour m'en convaincre, j'aurai bien-tost jugé vostre affaire. Tres-volontiers, répondit la Couleuvre: en même tems elle entra dans le sac. Alors le Renard dit à l'Homme: Tu es maistre de la vie de ton ennemi, sers toi de cette occasion. L'Homme aussi-tost lia le sac, & le frappa tant de fois contre une pierre, qu'il assomma la Couleuvre, & finit par ce moyen la crainte de l'un, & les disputes de l'autre.

Cette Fable, poursuivit le Rat, vous aprend qu'il ne faut

point se fier aux belles paroles de ses ennemis, de peur de tomber dans de pareils accidens. Tu as raison, dit le Corbeau, mais il faut aussi sçavoir bien distinguer les amis des ennemis : & je te jure que je ne m'éloignerai pas d'ici que tu ne m'ayes accordé ton amitié. Zirac voyant que le Corbeau agissoit franchement, lui dit : C'est un honneur pour moi de porter le titre de ton ami ; & si j'ai si longtems resisté à tes sollicitations, ce n'a esté que pour t'éprouver, & pour te faire voir que je ne manque pas d'esprit & d'adresse. En disant cela, il sortit ; mais il demeura à l'entrée du trou. Pourquoi ne sors-tu hardiment, demanda le Corbeau ? Est-ce que tu n'es pas encore assuré de mon affection ? Ce n'est point cela, répondit le Rat, mais je crains tes compagnons qui sont sur ces

arbres. Sois sans inquiétude là-dessus, repliqua le Corbeau; ils te regarderont comme leur ami, car c'est une de nos coûtumes, que quand un d'entre nous lie une étroite amitié avec un animal d'une autre espece, nous aimons tous cet animal. Le Rat sur la foi de ces paroles s'aprocha du Corbeau, qui lui fit force caresses, lui jurant une amitié inviolable, & le priant d'aller demeurer avec lui chez une Tortuë de ses amies, dont il lui vanta le bon caractere. J'ai conçû tant d'inclination pour vous, dit le Rat, que je vous suivrai par tout desormais, comme vostre ombre. Aussi-bien ce lieu n'est pas ma propre demeure : je ne me suis refugié ici que par un accident, que je vous raconterois, si je ne craignois de vous ennuyer. Le Corbeau lui répondit : Mon cher ami, pouvez-vous
avoir

avoir cette crainte, & ne devez-vous pas estre persuadé que je prens part à tout ce qui vous regarde? Mais la Tortuë, ajoûta-t'il, dont l'amitié est une bonne acquisition que vous ne pouvez manquer de faire, sera bien aise d'entendre le recit de vos avantures. En même tems il prit le Rat dans son bec, & le porta chez la Tortuë, à laquelle il aprit ce qu'il avoit vû faire à Zirac. Elle félicita le Corbeau de s'estre acquis un ami si parfait, & elle caressa beaucoup le Rat, qui de son costé sçavoit trop bien vivre pour ne lui témoigner pas qu'il estoit extrémement sensible à toutes les honnestetez qu'elle lui faisoit. Aprés beaucoup de complimens faits de part & d'autre, ils allerent tous trois se promener au bord d'une fontaine. Ensuite ayant choisi un endroit fort écarté du grand chemin, le Corbeau pressa Zirac de raconter ses avantures ; ce qu'il fit de cette sorte :

FABLE

Des avantures de Zirac.

JE suis né, & je demeurois dans une ville des Indes nommée *Marout* ; j'avois choisi un lieu où regnoit le silence, pour vivre sans inquiétude ; je goutois les douceurs d'une vie tranquile avec quelques Rats de mon humeur : Il y avoit en nostre voisinage un Moine qui se tenoit dans son Monastere, pendant que son Compagnon alloit à la Queste : il mangeoit une partie de ce qu'il lui aportoit, & gardoit l'autre pour son souper ; mais il ne trouvoit jamais son plat dans le même état qu'il l'avoit laissé, car pendant qu'il estoit dans son jardin, je me remplissois la panse, & j'apellois mes compagnons, qui s'acquittoient aussi-bien que moi de leur devoir. Le Moine voyant sa pitance diminüée, pestoit contre nous, & cherchoit dans ses Livres quelque recette, ou quelque machine pour nous prendre: mais tout cela ne lui servoit de rien, parce que j'estois toûjours plus fin que lui. Un jour un de ses amis qui venoit de faire un long voyage, entra dans sa cellule pour le voir : Aprés qu'ils eurent dîné, ils se mirent à s'entretenir des voyages. Le Moine demanda à son ami ce qu'il avoit vû de plus rare & de plus curieux dans les païs étrangers : Le Voyageur commença de lui raconter tout ce qu'il y avoit remarqué de plus beau ; mais pendant qu'il s'amusoit à lui faire la description des endroits agreables par où il avoit passé, le Moine l'interrompoit de tems en tems par le bruit qu'il faisoit en frapant ses mains l'une contre l'autre, & battant du pied contre terre pour nous chasser, parce qu'effectivement nous faisions souvent des sorties sur ses provisions, sans nous soucier de l'incivilité qu'il commettoit. Le Voyageur à la fin trouvant mauvais que le Moine ne l'écoutât pas, lui dit brusquement : Vous ne deviez pas me retenir ici pour vous mocquer de moi. Dieu me garde, répondit le Moine tout surpris, de me mocquer d'une personne de vostre mérite. Je vous demande pardon de vous avoir interrompu : mais il y a dans ce Monastere une troupe de Rats, qui me mangeront jusqu'aux oreilles ; & il y en a un sur tout qui est si hardi, qu'il me vient mordre le nez quand je suis au lit, & je ne sçai que faire pour l'atraper. Le Voyageur parut satisfait des excuses du Moine, & lui dit : Il y a quelque mistere en ceci ; & cette avanture me fait souvenir d'une Histoire que je vous raconterai, pourveu que vous m'écoutiez avec attention.

FABLE

D'un Mari, & de sa Femme.

UN jour le mauvais tems, continüa-t'il, m'obligea de m'arrêter dans un Bourg, où j'alai loger chez un de mes amis, qui me receut fort honnestement. Aprés le souper, il me fit monter, pour me reposer, dans une chambre qui n'estoit séparée de la sienne que par une cloison de bois, d'où j'entendis malgré moi la conversation qu'il eut avec sa femme. Je veux, lui dit-il, convier demain matin les principaux de ce Bourg, pour donner quelque divertissement à mon ami, qui m'a fait l'honneur de me venir voir. Vous n'avez pas de quoi entretenir vostre famille, lui répondit sa femme, & toutefois vous parlez de faire beaucoup de dépense. Pensez plûtost à ménager un peu de bien à vos enfans, & non pas à faire des festins. La Providence de Dieu est grande, repliqua le Mari, & il ne faut pas songer au lendemain, de peur qu'il ne nous arrive ce qui arriva au Loup. Je vais, ajoûta-t'il, te faire le recit de cette avanture.

FABLE
D'un Chasseur, & d'un Loup.

UN grand Chasseur revenant un jour de la Chasse avec un Dain qu'il avoit pris, aperceut un Sanglier qui sortoit d'un Bois, & qui venoit droit à lui. Bon, dit le Chasseur, cette bête augmentera ma provision. Il banda son arc aussi-tost, & décocha sa fléche si adroitement, qu'il blessa le Sanglier à mort. Cet animal se sentant blessé, vint avec tant de furie contre le Chasseur, qu'il lui fendit le ventre avec ses défenses, de maniere qu'ils tomberent tous deux morts sur la place.

Dans ce tems-là il passa par cet endroit un Loup affamé, qui voyant tant de viandes par terre, en eut une grande joye. Il ne faut pas, dit-il en lui-même, prodiguer tant de biens; mais je dois, ménageant cette bonne fortune, conserver toutes ces provisions : neanmoins comme il avoit faim, il en voulut manger quelque chose. Il commença par la corde de l'arc, qui estoit de boyau : mais il n'eut pas plûtost coupé la corde, que l'arc, qui estoit bien bandé, lui donna un si grand coup contre l'estomach, qu'il le jetta tout roide mort sur les autres corps.

Cette Fable, poursuivit le mari, fait voir qu'il ne faut point estre avare. Puisque cela est ainsi, lui dit sa Femme, invitez à dîner demain qui bon vous semblera.

Le lendemain, comme elle aprestoit à dîner, & qu'elle faisoit une sauce avec du miel qu'elle avoit acheté, elle vit tomber

dans

dans le pot au miel un Rat qui lui fit mal au cœur. Ne voulant plus se servir de ce miel, elle le porta au Marché, & prit des poix en échange. Je me trouvai par hazard prés d'elle alors, & je lui demandai pourquoi elle faisoit un marché si desavantageux, & donnoit le miel au prix des poix. C'est qu'il vaut moins que les poix, me répondit-elle tout bas. Je ne doutai plus aprés cela qu'il n'y eût quelque mistere là-dessous. Il en est de même de ce Rat : Il ne seroit pas si hardi, s'il n'avoit une raison de l'estre que nous ne sçavons pas. Pour moi, je croi qu'il y a quelque argent caché dans son trou. Le Moine n'eut pas plûtost entendu parler d'argent, qu'il prit une coignée, & fit si bien, qu'en perçant la muraille, il découvrit mon trésor, qui estoit une somme de mille deniers d'or, que j'avois amaſſez avec peine : Je les contois tous les jours, je prenois plaiſir à les manier, & à me rouler deſſus, faiſant en cela conſiſter tout mon bonheur. Hé bien, dit le Voyageur au Moine, n'avois-je pas raiſon d'atribüer l'inſolence de ces Rats à une cauſe que nous ignorions.

Je vous laiſſe à penſer du deſeſpoir dont je fus ſaiſi, quand je vis ma demeure ravagée de la ſorte : Je réſolus de changer de logis, mais tous mes compagnons me quitterent, & me firent bien éprouver la vérité de ce Proverbe : *Quiconque n'a point d'argent, n'a point d'ami.* D'ailleurs, les amis d'aujourd'hui ne nous aiment qu'autant que nôtre amitié leur eſt avantageuſe. Un jour on demandoit à un homme qui eſtoit riche, & qui avoit de l'eſprit, combien il avoit d'amis. Pour des amis du ſiécle, répondit-il, j'en ai autant que d'écus; mais pour des amis véritables, il faut attendre que je fois dans la misere, car c'eſt alors qu'on les connoit.

Pendant que je faiſois des reflexions ſur l'accident qui m'eſtoit arrivé, je vis paſſer devant moi un Rat qui avoit eſté tellement attaché à moi, qu'il ſembloit ne pouvoir vivre un moment ſans me voir. Je l'apellai, & lui demandai, pourquoi il me fuïoit comme les autres ? Penſes-tu, me répondit-il, que nous ſoyons ſi fous que de t'aller ſervir pour rien ? Lorſque tu eſtois riche, nous eſtions tes ſerviteurs : mais à preſent que tu es pauvre, nous ne voulons point nous aſſocier à ta pauvreté, parce que les plus miſerables de ce monde ſont ceux qui n'ont rien. Tu ne dois pas tant mépriſer les pauvres, lui dis-je, puis qu'ils ſont cheris de

Dieu. Il est vrai, repartit-il ; mais ce ne sont pas les pauvres qui sont faits comme toi : Dieu aime ceux qui ont quitté le monde, & non pas ceux que le monde a quittés. Je ne sçus que répondre à ces paroles. Je demeurai pourtant encore chez le Moine, pour voir ce qu'il feroit de l'argent qu'il m'avoit osté. Je remarquai qu'il en donna la moitié à son ami, & que chacun mettoit sa part sous son chevet : J'eus envie de leur aller enlever cet argent ; pour cet effet, je m'aprochai doucement du lit du Moine : mais son ami qui observoit toutes mes actions, sans que je m'en aperçusse, me jetta un bâton si rudement, qu'il me rompit quasi le pied : ce qui m'obligea de gagner promptement mon trou, ce ne fut pourtant pas sans peine. Une heure aprés j'en sortis pour la seconde fois, croyant le

Voyageur endormi : mais il faisoit trop bien la sentinelle, parce qu'il craignoit de perdre sa bonne fortune. De mon costé je ne perdis point courage, j'avançai, & j'estois déja prés du chevet du Moine, lorsque ma témerité me pensa coûter la vie. Le Voyageur me donna un second coup sur la teste si adroitement, que me sentant tout étourdi, je ne pouvois presque retrouver l'entrée de mon trou. Cependant le Voyageur me jetta pour la troisiéme fois un bâton ; mais comme il ne m'atrapa point, j'eus le loisir de gagner mon azile, où je ne fus pas plutost, que je protestai de ne poursuivre plus une chose qui m'avoit tant coûté de peines & d'inquiétudes. Ensuite de cette résolution je sortis du Monastere, & me retirai dans l'endroit où vous m'avez vû avec le Pigeon. La Tortuë fut bien-aife d'avoir apris les avantures du Rat, qui lui dit en la careffant : Vous avez bien fait d'abandonner le monde & fes intrigues, puis qu'on n'y fçauroit trouver une parfaite fatisfaction. Tous ceux que l'avarice & l'ambition agitent, fe procurent la mort, comme le Chat, dont vous ne ferez pas fâché d'entendre l'Hiftoire.

FABLE

D'un Chat gourmand.

UN homme nourriffoit chez lui un Chat fort frugalement ; mais le Chat, qui eftoit gourmand, ne fe contentant pas de fon ordinaire, furetoit de tous coftez pour atraper quelque bon morceau. Paffant un jour au pied d'un Colombier, il y vit de petits Pigeons qui n'avoient presque pas de plume encore. L'extrême desir qu'il avoit de tâter d'une viande si délicate, lui faisoit venir l'eau à la bouche. Il monta au Colombier, sans regarder si le maistre y estoit, & il se préparoit à satisfaire ses desirs : mais le maistre ne vit pas plûtost mon drole de chat entré, qu'il ferma la porte & les endroits par où il pouvoit sortir, il fit si bien qu'il l'atrapa, & il le pendit dans un coin du Colombier. Le maistre du Chat passa par hazard par là ; & quand il vit son Chat pendu : Ah malheureux gourmand, lui dit-il, si tu t'estois contenté de ton petit ordinaire, tu ne serois pas maintenant en cet état ! Voilà comment les gens insatiables causent leur propre mort. Outre cela, les biens de ce monde n'ont point de constance. Les Sages disent qu'il y a six choses dont il

Z iiij

ne faut point esperer de fidelité.

1. D'une Nuée, car elle se dissipe en un instant.

2. D'une feinte amitié, parce qu'elle passe comme un éclair.

3. De l'amour d'une femme, parce qu'elle change pour une bagatelle.

4. De la beauté, car la moindre injure du tems, une disgrace ou une maladie la détruit.

5. Des fausses loüanges, car ce n'est que de la fumée.

6. Des biens de ce monde, puisque tout finit tost ou tard.

Les gens d'esprit, continüa le Rat, ne s'attachent jamais à la recherche de toutes ces choses vaines : il n'y a que l'acquisition d'un véritable ami qui les puisse tenter. Le Corbeau prenant la parole, dit : Il est vrai qu'il n'est rien de comparable à une amitié parfaite & reciproque. Je prétens vous le prouver par le recit de cette Histoire.

FABLE

De deux Amis.

UN homme entendit fraper à sa porte à une heure induë : Il demanda qui c'estoit ; & quand il sceut que c'estoit un de ses meilleurs amis, il se leva, & s'habilla, ensuite commandant à sa servante d'allumer de la chandelle, & de le suivre, il l'alla trouver. Cher ami, lui dit-il en l'abordant, je ne puis vous voir ici si tard, sans m'imaginer que vous venez ici pour emprunter de l'argent, pour me prier de vous servir de second, ou pour chercher une compagnie qui vous divertisse. J'ai pourvû à ces trois choses, poursuivit-il : Si vous avez besoin d'argent, voilà ma bourse ; si vous avez des ennemis, je vous offre mon bras & mon épée ; & si c'est l'amour qui vous met en campagne, voilà ma servante qui est assez agreable pour vous donner la satisfaction que vous desirez : En un mot, tout ce qui dépend de moi est à vostre service. Je ne souhaite rien moins que tout cela, répondit son Ami ; je venois seulement sçavoir l'état de vostre santé, parce que je craignois que le mauvais songe que je viens de faire ne fût véritable.

Pendant que le Corbeau racontoit cette Fable, ils virent de loin une Gazelle, ou Chevreüil de montagne, qui venoit à eux avec une vitesse incroyable. Ils crurent qu'elle estoit poursuivie par quelque Chasseur, c'est pourquoi ils se séparerent ; la Tortuë se glissa dans l'eau, le Rat se fourra dans un trou, & le Corbeau se cacha parmi les branches d'un arbre fort élevé. La Gazelle s'arrêta tout court au bord de la fontaine; & le Corbeau, qui regardoit de tous costez, n'apercevant personne, apella la Tortuë, qui parut d'abord sur l'eau. Comme la Gazelle sembloit n'oser boire, la Tortuë lui dit: Beuvez hardiment, car l'eau est fort nette. Aprenez-moi, je vous prie, pourquoi vous estes si échauffée? C'est, répondit la Gazelle, que je viens de me sauver des mains d'un chasseur qui m'a bien persecutée. Ne vous éloignez pas d'ici, reprit la Tortuë, & soyez de nos amies, nostre commerce vous sera de quelque utilité. Les Sages disent que le nombre des amis diminüe les peines; & quand on a mille amis, il ne les faut compter que pour un ; & au contraire, lors qu'on a un ennemi, il faut le compter pour mille, tant il est dangereux d'avoir un ennemi. Ensuite de ce discours, le Corbeau & le Rat s'aprocherent de la Gazelle, & lui firent mille honnestetez. Elle en fut si pénétrée, qu'elle promit de demeurer avec eux toute sa vie.

Ainsi ces quatre amis passoient le tems fort agreablement ensemble : Mais un jour que le Corbeau, le Rat & la Tortuë s'estoient assemblez à leur ordinaire au bord de la fontaine pour s'entretenir, la Gazelle ne s'y trouva pas : ce qui les mit fort en peine, ne sçachant quel accident lui pouvoit estre arrivé. Le Corbeau s'éleva en l'air, pour voir s'il ne la découvriroit point ; & comme il regardoit de toutes parts, il l'aperceut de loin engagée dans un filet qu'un Chasseur lui avoit tendu. Cette nouvelle les affligea extrémement tous trois. Il faut songer, dit la Tortuë, à tirer la Gazelle du peril où elle est. Le Corbeau prit la parole, & dit au Rat : Il n'y a que vous qui puissiez délivrer nostre bonne amie ; il faut promptement l'aller dégager, de peur que le Chasseur ne mette la main dessus. Je ferai mes efforts pour la délivrer, répondit le Rat. Allons, allons, ne perdons point de tems. Aussi-tost le Corbeau prit Zirac, & vola vers la Gazelle. Estant arrivez là, le Rat commença de ronger les liens qui tenoient les pieds de la Gazelle, & cependant la Tortuë arriva. Dés que la Gazelle l'aperceut, elle fit un grand cri. Pourquoi lui dit-elle, vous estes-vous hazardée à venir ici. Comment, répondit la Tortuë, vouliez-vous que je soûtinsse davantage une absence qui m'estoit insuportable ? O ma chere amie, repliqua la Gazelle, vostre arrivée en ce lieu me met plus en peine, que je ne l'estois de ma liberté : car si le Chasseur arrivoit maintenant, comment feriez-vous pour vous sauver ? Pour moi, je suis déja presque déliée, & mon agilité me délireroit du danger de tomber entre ses mains : Le Corbeau trouveroit son salut dans ses aisles, & le Rat n'auroit qu'à se fourrer dans un trou : Vous seule ne pouvant courir, vous deviendriez la proye du Chasseur. A peine la Gazelle avoit prononcé ces paroles, qu'on vit paroître le Chasseur. La Gazelle, qui estoit détachée, gagna païs, le Corbeau s'envola, le Rat se retira dans un trou, & la pauvre Tortuë demeura là. Quand le Chasseur arriva, il ne fut pas peu surpris de voir son filet rompu : ce qui le fâcha fort. Il se mit à regarder de tous costez, pour voir s'il ne verroit rien : il aperceut la Tortuë. Bon, dit-il, je ne retournerai pas au logis les mains vuides, il faut que j'emporte cette Tortuë ; c'est toûjours quelque chose. Il la prit donc, la mit dans son sac, puis la jettant sur son épaule, il s'en alla. Quand il fut parti, les trois amis se rassemblerent, & ne voyant plus la Tortuë, ils jugerent de sa disgrace. Alors ils pousserent mille soupirs, formerent les plaintes du monde les plus touchantes, & verserent un torrent de larmes. A la fin le Corbeau interrompit cette triste harmonie, en disant : Mes amis, nos regrets ne soulagent point la Tortuë, il faut songer à lui sauver la vie. Les Grands disent que quatre sortes de personnes ne sont connuës que dans quatre sortes d'occasions. Les hommes courageux dans les combats: Les gens de probité, lors qu'on traite de quelque affaire où il s'agit de donner sa parole: L'amitié d'une femme, quand il arrive quelque malheur à son mari: & enfin un véritable Ami dans l'extréme nécessité. Nous voyons nostre chere amie la Tortuë en un triste état, il la faut secourir. Il me vient dans l'esprit un bon expedient, dit le Rat: Il faut que la Gazelle aille se présenter devant le Chasseur, qui dés qu'il la verra, ne manquera pas de mettre son sac à terre, dans le dessein de la prendre. C'est bien avisé, dit la Gazelle, je ferai la boiteuse, & m'éloignerai de lui peu à peu; en me suivant, il s'éloignera de son sac: ce qui donnera le tems au Rat de mettre en liberté nostre bonne amie. Ce stratagême fut aprouvé;

vé ; la Gazelle paſſa pardevant le Chaſſeur foible & boiteuſe : mon galand crut la tenir ; & mettant ſon ſac à terre, courut de toute ſa force aprés la Gazelle, qui s'éloignoit à meſure qu'il la pourſuivoit. Cependant le Rat voyant le Chaſſeur bien loin, s'aprocha du ſac, & rongea le lien qui le tenoit fermé ; la Tortuë en ſortit, & ſe cacha dans un buiſſon. A la fin le Chaſſeur s'eſtant laſſé de courir inutilement aprés ſa proye, revint à ſon ſac, & n'y trouvant plus la Tortuë, il en fut fort étonné. Il crut qu'il eſtoit dans la region des Lutins & des Eſprits, voyant tantoſt une Gazelle ſe délivrer de ſes filets, & tantoſt ſe préſenter devant lui, en faiſant la boiteuſe ; & enfin la Tortuë, qui eſt un animal sans force, rompre le lien du sac, & se sauver. Toutes ces considerations fraperent son esprit d'une telle frayeur, qu'il s'enfuit de toute sa force, pensant avoir des folets à ses trousses. Aprés cela les quatre Amis se rassemblerent, se firent de nouvelles protestations d'amitié, & jurerent de ne se separer jamais les uns des autres qu'à la mort.

CHAPITRE IV.

Comme il faut toûjours se défier de ses ennemis, & sçavoir parfaitement tout ce qui se passe chez eux.

VENONS presentement, dit Dabschelim au quatriéme Chapitre, qui est, qu'un homme d'esprit ne doit jamais esperer d'amitié de ses ennemis. Enseignez-moi, ajoûta-t'il, de quelle maniere il faut éviter leurs trahisons. On doit, répondit le Bramine, se défier toûjours des ennemis: car quand ils témoignent de l'amitié, c'est pour mieux cacher leurs mauvais desseins; & quiconque aura de la confiance en son enne-mi, sera trompé comme le Hibou, dont je vais conter la Fable à vostre Majesté.

FABLE

Des Corbeaux, & des Hiboux.

DAns une Province de la Chine il y a une montagne dont le sommet se perd dans les nuës ; il y avoit au dessus un arbre dont les branches sembloient aller jusqu'au Ciel : Elles estoient toutes chargées de nids de Corbeaux qui obéïssoient tous à un Roi nommé Birouz. Une nuit le Roi des Hiboux qui s'apelloit Chabahang, c'est-à-dire, *Marche-nuit*, vint à la teste de son Armée ravager la demeure des Corbeaux, contre lesquels une vieille haine les animoit. Le lendemain Birouz assembla son Conseil, pour délibérer sur les moyens dont ils se serviroient pour se mettre à couvert des insultes des Hiboux. Cinq des plus habiles de sa Cour ayant apris les intentions de sa Majesté, dirent leurs avis. Grand Monarque, dit celui qui parla le premier, nous ne pouvons rien imaginer que vostre Majesté n'ait pensé auparavant nous. Neanmoins puisque vous souhaitez que nous vous disions l'un après l'autre ce que nous jugeons à propos de faire pour nous vanger des Hiboux, nous devons vous obéir : Et pour commencer, je vous dirai, Sire, que les Politiques ont toûjours tenu pour maxime, qu'il ne faut point attaquer un ennemi plus fort que soi : autrement c'est bâtir sur le passage d'un torrent. Le Roi se tournant du costé du second, lui ordonna de parler. Sire, dit le second Visir, la fuite ne convient qu'aux ames basses & timides : il est plus à propos de prendre les armes, & d'aller vanger l'affront que nous avons receu. Un Roi n'est jamais en repos, s'il n'a porté la terreur dans le païs & dans l'ame de ses ennemis. Le troisiéme Visir dit à son tour son opinion. Je ne blâme point, dit-il, le conseil de mes camarades, mais aussi je ne l'aprouve pas. Je suis d'avis d'envoyer des espions pour connoître la force & l'état de l'ennemi; & sur leurs raports nous ferons la guerre ou la paix : c'est le moyen de vivre en repos. Un Roi doit toûjours travailler à conserver la paix dans son Royaume, tant pour le repos de son esprit, que pour le soulagement de ses sujets : Il ne doit jamais declarer la guerre qu'à ceux qui troublent la paix. Et quand l'ennemi qu'il veut combatre est trop fort, il faut avoir recours aux artifices, & se servir de toutes les occasions qui se présentent de lui nuire par finesse. Le quatriéme prenant la parole, representa au Roi qu'il valoit mieux quitter le païs, que de s'exposer à perdre la reputation de leurs armes, qui avoient toûjours eu l'avantage sur leurs ennemis. Que ce seroit une démarche trop honteuse pour les Corbeaux d'aller faire des soumissions aux Hiboux, qui jusqu'alors leur avoient esté soumis. Qu'il faloit tâcher de pénétrer leurs desseins, & se résoudre plûtost à combatre, qu'à subir un joug ignominieux, puisqu'enfin la perte de la vie estoit moins considerable que celle de la reputation. Le Roi après avoir oüi ces quatre Visirs, fit signe au cinquiéme de parler à son tour: Ce Visir se nommoit Carchenas, c'est-à-dire, *Intelligent*. Le Roi, qui avoit une confiance particuliere en lui, le pria de dire avec sincerité ce qu'il jugeoit à propos que l'on fist en cette affaire. Declarerons-nous la guerre, ajoûta le Roi, proposerons-nous la paix, ou bien abandonnerons-nous ce climat ? Sire, répondit Carchenas, puisque vous m'ordonnez de parler avec franchise, il me semble que nous ne devons pas attaquer les Hiboux, parce qu'ils sont en plus grand nombre que nous : Il faut user de prudence ; cette vertu a souvent plus de part aux grands succés que la force & les richesses. Que vostre Majesté, avant que de prendre sa derniere résolution, consulte encore ses Ministres ; leurs conseils pourront vous aider à faire réüssir vos desseins:

les

les fleuves ne se grossissent que par les ruisseaux. Pour moi, je n'aime ni la guerre ni les troubles, mais je ne puis souffrir qu'on ait la lâcheté de faire des soumissions. Les gens d'honneur ne doivent desirer une longue vie que pour laisser à la posterité des exemples de vertu dignes d'admiration. Nous ne devons même prendre soin de nos jours, que pour les exposer dans des occasions où l'honneur nous apelle ; & il vaudroit mieux n'avoir jamais esté, que d'avoir mené une vie obscure. Ainsi je ne conseille pas à vostre Majesté de faire voir de la timidité dans cette conjoncture : mais vous devez prendre un parti devant moins de monde, afin que les ennemis ne puissent sçavoir vos desseins.

Un des autres Ministres interrompit en cet endroit Carchenas, & lui dit : A quoi pensez-vous ? pourquoi se tiennent les Conseils, si ce n'est pour déliberer entre plusieurs des affaires importantes ? Et pourquoi voulez-vous qu'une déliberation de cette consequence se fasse dans un cabinet où il n'y aura personne. Les affaires des Rois, repliqua Carchenas, ne sont pas comme celles des Marchands, qui se communiquent à toute la societé ; les secrets des Princes ne peuvent estre découverts que par leurs Conseillers, ou leurs Ambassadeurs. Que sçavez-vous s'il n'y a point ici des espions qui nous écoutent, pour raporter ce que nous résoudrons à nos ennemis ; qui sur leur raport ou préviendront nos entreprises, ou du moins les déconcerteront. Les Sages disent : Si vous voulez avoir un secret, tenez le secret ; autrement vous vous mettrez au hazard d'eſtre trahis comme le Roi Quechmir. Birouz, qui eſtoit fort curieux, obligea Carchenas de lui raconter cette avanture.

FABLE

D'un Roi, & de ſa Maitreſſe.

Dans la Ville de Quechmir regnoit autrefois un Roi qui eſtoit auſſi juſte que puiſſant. Ce Prince avoit une Maitreſſe qui eſtoit ſi belle que tous ceux qui la voyoient ne pouvoient ſe défendre de l'aimer. Le Roi en eſtoit tellement épris, qu'il la vouloit voir inceſſamment : mais il s'en faloit beaucoup qu'elle aimât autant le Roi qu'elle en eſtoit aimée. L'atachement de ce Prince flatoit ſa vanité, ſans toucher ſon goût ; & comme le cœur toutefois eſt fait pour aimer, elle se laissa prévenir d'une violente passion pour un Page, qui estoit admirablement beau & bien fait. Elle lui aprit bien-tost par ses regards ce qu'elle sentoit pour lui; & le Page lui fit connoître par les siens qu'elle ne pouvoit s'adresser à un homme plus disposé à profiter d'une si bonne fortune. Enfin il ne leur manquoit qu'une occasion de se parler en particulier, pour satisfaire des desirs que les obstacles irritoient. Un jour que le Roi estoit assis auprés de sa Maitresse, & qu'il la regardoit avec un extréme plaisir, le Page qui estoit debout dans la même chambre, de moment en moment jettoit les yeux sur cette charmante personne, & de son costé elle attachoit sur lui les siens d'un air si passionné, que le Roi s'en aperceut. Il ne comprit que trop ce langage muet, & il en eut tant de dépit & de jalousie, qu'il résolut de les faire mourir tous deux; dissimulant toutefois son dessein, parce qu'il ne vouloit pas agir avec précipitation, il se retira dans son apartement, où il passa la nuit dans une rêverie fort desagreable. Le matin il alla donner audience à son peuple; & aprés avoir donné à ses sujets la satisfaction qu'ils demandoient, il entra dans son cabinet : Là il fit venir son Visir, & lui découvrit le dessein qu'il avoit de faire empoisonner sa Maitresse & le Page. Le Visir en ayant apris les raisons, les aprouva, promit de garder le secret, & puis se retira chez lui. Il trouva sa fille dans une grnde tristesse, il lui en demanda la cause. Mon Pere, lui répondit la fille, la Mignonne du Roi m'a maltraitée sans raison : cela me fâche ; & si je ne m'en vange point, je vous assure que ce n'est pas manque de bonne volonté. Consolez-vous, ma fille, reprit le Visir, vous en serez bien-tost délivrée.

Comme les femmes sont curieuses, la fille pressa tant son Pere de lui aprendre de quelle maniere elle seroit vangée de son ennemie, qu'il fut assez foible pour lui reveler le dessein du Roi. Elle s'engagea par serment de ne le découvrir à personne : mais une heure ou deux aprés, l'Eunuque de la Maitresse du Roi estant venu voir la fille du visir, pour la consoler, il lui dit qu'il faloit souffrir les défauts de son prochain. Bien-tost, interrompit-elle, avec un visage riant, bien-tost je ne la craindrai plus. Il la pressa tellement de s'expliquer, qu'elle ne put s'en défendre :

Elle lui raconta tout ce que lui avoit dit son Pere, aprés lui avoir aussi fait jurer qu'il garderoit inviolablement le secret: mais l'Eunuque ne l'eut pas plûtost quittée, que croyant estre plus obligé de trahir son serment, que de le garder, il alla trouver la Maitresse du Roi, & lui fit part de la résolution violente que le Prince avoit prise contre elle. Il n'en falut pas davantage pour la déterminer à tout tenter pour prévenir le Roi : Elle envoya chercher secretement le Page, avec lequel elle prit de si bonnes mesures, que le lendemain matin on trouva le Roi mort dans son lit.

Vous voyez par cette Histoire, continua Carchenas, que les Rois ne doivent découvrir leurs secrets qu'à des gens dont ils ont éprouvé la discretion & la fidelité.

Mais quels secrets encore, dit Birouz, importe-t'il le plus de de cacher? Sire, repartit Carchenas, il y en a de telle nature, que les Rois ne les doivent confier qu'à eux-mêmes, c'est-à dire, les tenir si cachez, que personne ne les puisse découvrir. Il y en a d'autres qu'ils peuvent commuiquer aux Ministres fideles, & sur lesquels ils les doivent consulter. Birouz trouvant ce que disoit Carchenas fort judicieux, s'enferma dans son cabinet avec lui ; & devant que de parler de l'affaire dont il s'agissoit, il le pria de lui dire la funeste origine de la haine des Corbeaux & des Hiboux. Sire, répondit Carchenas, une seule parole a produit cette inimitié, dont nous venons d'éprouver de si cruels effets.

FABLE

De l'origine de la haine des Corbeaux, & des Hiboux.

UN jour une troupe d'Oiseaux s'assembla pour se choisir un Roi. Chaque espece prétendoit à la Couronne. Enfin il y en eut plusieurs qui donnerent leurs voix au Hibou; mais les autres ne voulant pas obéïr à un si laid Animal, rompirent la diette, & se jetterent les uns sur les autres avec tant de furie, qu'il y en eut quelques-uns de tuez. Le combat auroit duré plus long-tems, si pour le faire cesser, un Oiseau ne se fût avisé de crier aux combattans, qu'ils s'arrétassent, & qu'il voyoit venir un Corbeau, qu'il faloit prendre pour Juge. Tous les Oiseaux y consentirent unanimement ; & quand le Corbeau fut arrivé, & qu'il eut apris le sujet de la querelle, il leur parla de cette sorte : Estes-vous fous, Messieurs, de vouloir prendre pour vostre Roi un Oiseau qui traine avec lui tous les malheurs ensemble. Voulez-vous mettre une Mouche à la place d'un Griffon ? Que ne choisissez-vous plûtost un Faucon, qui a du courage & de l'adresse, ou bien un Paon, dont le port est si majestueux ? Pourquoi n'élevez-vous pas plûtost sur le trône un Aigle, dont l'ombre est si heureuse, qu'elle fait les Rois ; ou enfin un Griffon, qui par le seul bruit de ses aisles fait trembler les montagnes ? Quand ces Oiseaux que je viens de nommer ne seroient pas au monde, il vaudroit encore mieux vivre sans Roi, que de vous rendre sujets d'un Animal si afreux que le Hibou : car outre qu'il a la mine d'un Chat, il n'a point d'esprit ; & ce qui est insuportable, c'est que malgré sa mauvaise mine, il est orgueilleux : & enfin ce qui le doit rendre méprisable à vos yeux, c'est qu'il haït la lumiere de ce beau Corps qui anime toute la nature. Quittez donc, Messieurs, un dessein qui vous est si préjudiciable, procedez à l'élection d'un autre Roi, & ne faites rien dont vous puissiez vous repentir. Choisissez un Roi qui vous gouverne avec douceur, & qui vous soulage dans vos besoins. Souvenez-vous de ce Lapin, qui se disant Ambassadeur de la Lune, chassa les Elephans de sa patrie.

FABLE

Des Elephans, & des Lapins.

IL arriva une année de sécheresse dans le païs des Elephans, aux Isles de Rad (c'est-à-dire Vent;) de maniere qu'étant tous pressez par la soif, & ne pouvant trouver de l'eau, ils s'adresserent à leur Roi, pour l'avertir d'y mettre ordre, s'il ne les vouloit voir tous perir. Le Roi commanda aussi-tost de chercher par tout, & enfin on découvrit une source d'eau vive, à qui les Anciens avoient donné le nom de *Chaschmamah*, c'est-à-dire, Fontaine de la Lune. Le Roi vint se camper avec toute son Armée aux environs de cette Fontaine. La venuë des

Elephans mit au desespoir un grand nombre de Lapins, qui avoient là leur Garenne, parce que les Elephans à chaque pas qu'ils faisoient écrasoient quelque Lapin.

Un jour les Lapins s'assemblerent, allerent trouver le Roi, & le supplierent de les délivrer de cette opression. Je sçai bien, leur répondit le Roi, que je ne suis sur le trône que pour le bien & le soulagement de mes sujets; mais vous me demandez une chose qui passe mes forces: neanmoins songez à quelque expedient entre vous autres, & j'emploirai tout mon pouvoir pour le faire réüssir. Un Lapin rusé voyant le Roi embarassé, & fort touché de la peine dans laquelle il voyoit son peuple, s'avança, & lui dit: Sire, vostre Majesté agit en Roi juste, quand le soin de nostre repos vous inquiéte, & lorsque vous nous donnez la liberté de dire nos avis, cela m'inspire la hardiesse de vous faire part d'une invention qui me vient dans l'esprit pour chasser de ce païs les Elephans. Sire, poursuivit-il, permettez que j'aille en qualité d'Ambassadeur trouver le Roi des Elephans, & je consens que vous me donniez quelqu'un qui m'accompagne, & qui vous puisse raporter tout ce qui se passera. Non, lui répondit obligeamment le Roi, je ne veux pas que personne remarque vos actions, car je vous crois fidele ; allez seulement au nom de Dieu, & faites tout ce que vous jugerez à propos : souvenez-vous seulement qu'un Ambassadeur est la langue d'un Roi ; il faut que ses discours soient pesez, & ses paroles aussi nobles que son maintien qui répréfente la perfonne de fon Maître : On doit choifir pour Ambaffadeurs les plus fçavans hommes de l'Etat. J'ai oüi dire qu'un des plus grands Monarques du monde fe déguifoit fouvent, & fe faifoit fon propre Ambaffadeur. Pour remplir dignement ce caractere, voici les qualitez qu'il faut avoir : De la fermeté, de l'éloquence, & des lumieres d'une étenduë infinie. Un efprit violent n'eft pas propre pour cet emploi. Plufieurs Ambaffadeurs par une parole rude ont caufé du trouble dans un Royaume, & d'autres par une parole douce & agreable ont réüni d'irreconciliables ennemis. Sire, dit le Lapin, fi je ne fuis pas doüé de toutes les qualitez dont voftre Majefté vient de parler, je tâcherai du moins de les affecter.

Ayant dit cela, il prit congé du Roi, & alla vers les Eléphans; mais avant que d'y arriver, il pensa que s'il se mesloit parmi eux, il pourroit bien en estre écrasé, comme ses camarades : c'est pourquoi il monta sur une butte, d'où il apella le Roi des Elephans, qui n'estoit pas loin de là. Je suis, lui dit-il, Ambassadeur de la Lune, écoutez ce que j'ai à vous dire de sa part. Vous sçavez que la Lune est une Déesse dont le pouvoir n'est point limité, & qu'elle haït sur tout le mensonge. Le Roi des Elephans eut grande peur en l'entendant parler de la sorte, & lui dit d'exposer le sujet de son Ambassade. La Lune, reprit le Lapin, m'envoye ici pour vous dire que quiconque s'orgueillit de sa grandeur, & méprise les petits, mérite la mort. Vous ne vous estes point contenté d'opprimer

primer les petits, vous avez eu la témérité de troubler une Fontaine consacrée à la Lune, où tout est pur : Je vous avertis de vous en corriger, autrement vous serez infailliblement punis. Si vous n'ajoûtez pas foi à mes paroles, venez voir la Lune dans sa Fontaine, & puis retirez-vous.

Le Roi des Elephans demeura fort étonné de ce discours, & alla aussi-tost à la Fontaine, dans laquelle il vit effectivement la Lune, à cause que l'eau estoit fort claire. Le Lapin dit à l'Elephant : Prenez de l'eau pour vous laver, & faire vostre adoration. L'Elephant en prit ; mais il troubla l'eau, de maniere que la Lune disparut. O méchant, dit alors le Lapin, vous vous estes aproché de la Fontaine avec trop peu de respeêt : ce qui est cause que la Déesse est irritée : Retirez-vous promptement d'ici avec toute voftre Armée, de peur qu'il ne vous arrive quelque malheur. Le Roi des Elephans fut effrayé de cette menace, & commanda en tremblant à toute son Armée de décamper : ce qu'elle fit. Ainsi les Lapins furent délivrez de leurs ennemis par l'adresse d'un de leurs compagnons.

Je n'ai cité cet exemple que pour vous montrer qu'il faut que vous fassiez choix d'un Roi prudent & habile, qui vous assiste dans vos adversitez, & non pas d'un Hiboux, qui n'a ni valeur ni esprit. Il n'a seulement que de la malice, qui vous sera funeste, comme le fut un Chat à une Perdrix, qui le pria de juger un diferent qu'elle avoit avec un autre Oiseau.

FABLE

D'un Chat, & d'une Perdrix.

IL y a quelque tems, continüa le Corbeau, que j'avois fait mon nid sur un arbre, auprés duquel il y avoit une Perdrix de belle taille & de bonne humeur. Nous liames un commerce d'amitié, & nous nous entretenions souvent ensemble. Elle s'absenta je ne sçai pour quel sujet, & demeura si long-tems sans paroistre, que je la croyois morte : neanmoins elle revint ; mais elle trouva sa maison occupée par un autre Oiseau : elle le voulut mettre dehors, mais il refusa d'en sortir, disant que sa possession estoit juste. La Perdrix de son costé prétendoit rentrer dans son bien, & tenoit cette possession de nulle valeur : je m'employai inutilement à les accorder. A la fin la Perdrix dit : Il y a ici prés un Chat tres-devot ; il jeûne tous les jours, ne fait mal à personne, & passe les nuits en priere : nous ne sçaurions trouver un Juge plus équitable ; l'autre Oiseau y ayant consenti, ils allerent tous deux trouver ce chat de bien : La curiosité de le voir m'obligea de les suivre. En entrant je vis un Chat debout tres-attentif à une longue priere, sans se tourner de costé ni d'autre : ce qui me fit souvenir de ce vieux Proverbe, *Que la longue oraison devant le monde est la clef de l'enfer.* J'admirai cette hipocrisie, & j'eus la patience d'attendre que ce venerable personnage eût fini sa priere. Aprés cela la Perdrix & sa Partie s'aprocherent de lui fort respectueusement, & le supplierent d'écouter leur diferent, & de les juger suivant sa justice ordinaire. Le Chat faisant le discret, écouta le Plaidoyé de l'Oiseau, puis s'adressant à la Perdrix : Belle fille, ma mie, lui dit-il, je suis vieux, & n'entens pas de loin ; aprochez-vous, & haussez vostre voix, afin que je ne perde pas un mot de tout ce que vous me direz. La Perdrix & l'autre Oiseau s'aprocherent aussi-tost avec confiance, le voyant si devot ; mais il se jetta sur eux, & les mangea l'un & l'autre.

Vous voyez par cet exemple, qu'il ne faut jamais se fier aux trompeurs ; & par consequent défiez-vous du Hibou, qui ne vaut pas mieux que ce Chat dont je viens de vous parler. Les Oiseaux persuadez que le Corbeau avoit raison, ne songerent plus au Hibou, qui se retira, méditant de se vanger du Corbeau, pour lequel il conceut une haine, que le tems n'a fait depuis que fortifier.

Voilà, Sire, pourſuivit Carchenas, la cauſe de cette inimitié qui eſt entre nous & les Hiboux. Venons preſentement, dit le Roi des Corbeaux, aux meſures que nous devons prendre pour reparer l'afront que j'ai receu. Carchenas, aprés avoir donné quelques loüanges au Roi, reprit ainſi la parole : Sire, je ne ſuis point de l'avis de vos autres Viſirs, qui veulent la guerre, ou la fuite, ou une honteuſe paix. Il faut ſuivre cette maxime : Quand la force nous manque, on doit avoir recours aux artifices, & tromper l'ennemi, en lui ſuppoſant une choſe pour une autre, comme vous l'allez voir par cet exemple.

FABLE

D'un Derviche, & de deux Voleurs.

UN Derviche avoit acheté un mouton gras, dans le dessein d'en faire un sacrifice. Il l'avoit lié d'une corde, & il le tiroit vers son Monastere. Quatre voleurs qui l'aperceurent, eurent envie d'avoir ce mouton: mais ils n'osoient le lui ôter par force, à cause qu'ils estoient trop prés de la Ville. Ils se servirent de ce stratagême: Ils se séparerent; & comme s'ils fussent venus de divers endroits, ils aborderent l'un aprés l'autre le Derviche, qu'ils connoissoient pour un innocent. Le premier d'entre eux lui dit: Pere, où menez-vous ce chien? Le second venant d'un autre costé, lui cria:

Venerable vieillard, où avez-vous pris ce chien ; & enfin le troisiéme ayant demandé au Derviche, s'il vouloit aller à la chasse avec ce beau chien, déja le pauvre Moine commençoit à douter que le mouton qu'il menoit fût un mouton. Le quatriéme Voleur acheva de lui troubler l'esprit, en lui disant : Parlez, mon Reverend Pere, combien avez-vous acheté ce chien ? Le Derviche ne pouvant s'imaginer que quatre personnes qui paroissoient venir de differens lieux, se trompassent, il crut que le Marchand qui lui avoit vendu le mouton, estoit un Sorcier, qui lui avoit fasciné la vûë ; de maniere que refusant d'ajoûter foi au raport de ses yeux, il demeura persuadé que le mouton estoit un chien ; & retournant sur ses pas, pour obliger le Marchand

à

à lui rendre son argent, il laissa le Mouton, que les Voleurs emmenerent.

Sire, dit Carchenas, vostre Majesté voit par cette avanture, que ce qui paroist ne pouvoir estre executé par la force, le peut estre par l'adresse. Mais, interrompit le Roi, quelle invention trouverons-nous pour nous vanger des Hiboux ? Que vostre Majesté, repartit Carchenas, se repose sur moi du soin de sa vengeance. Commandez seulement, ajoûta-t'il, qu'on m'arrache toutes mes plumes, & qu'on me laisse tout sanglant sur cet arbre. Ce ne fut pas sans peine que le Roi Birouz donna un Ordre qui lui sembloit cruel; cependant il le donna, & il alla avec son Armée attendre Carchenas dans le lieu que cet affectionné Visir lui avoit marqué.

Dd

Cependant la nuit vint, & les Hibous fiers de la victoire qu'ils avoient remportée la nuit précedente, revinrent pour achever la destruction de l'odieuse espece des Corbeaux: Mais qu'ils furent étonnez, lors qu'ils ne trouverent point l'ennemi qu'ils vouloient surprendre. Ils le cherchoient inutilement de tous côtez, lors qu'ils entendirent une voix plaintive: c'estoit Carchenas qui se plaignoit au pied d'un arbre. Le Roi des Hibous s'aprocha de lui, & lui demanda de quelle naissance il estoit, & quel rang il tenoit à la Cour de Birouz. Carchenas ayant satisfait à toutes ses demandes: J'ai bien oüi parler de vous, lui répondit le Roi des Hiboux ; mais dites-moi où sont les Corbeaux ? Helas ! dit Carchenas, l'état où je suis vous fait assez connoître que je ne puis vous l'aprendre. Quel crime, reprit Chabahang, avez-vous commis, pour estre dans un si déplorable état? Les méchans Corbeaux, repartit Carchenas, sur un leger soupçon m'ont traité de la sorte. Aprés la défaite de nostre Armée, poursuivit-il, le Roi Birouz assembla son Conseil, pour trouver les moyens de se vanger d'un si sanglant affront. Aprés avoir oüi les diferens avis de quelques-uns de ses Visirs, il m'ordonna de dire le mien: Je lui representai avec trop de franchise que vous estiez non seulement superieurs en nombre, mais encore plus aguerris, & plus vaillans que nous, & par consequent, qu'il faloit demander la paix, & l'accepter à quelques conditions que vous nous la voulussiez accorder. Le Roi se mit en colere contre moi, &

me dit : Traiſtre, en mépriſant ainſi mes forces, me veux-tu faire craindre mes ennemis ? Et puis s'imaginant que je méditois de me venir rendre à vous, il ordonna qu'on me mît dans l'état où vous me voyez.

Aprés que Carchenas eut achevé ce diſcours, le Roi des Hiboux demanda à ſon premier Viſir ce qu'il faloit faire de Carchenas ? Il faut, répondit le Viſir, le délivrer de ſes peines, en lui ôtant la vie, & ne ſe point fier à ſes paroles, qui peuvent eſtre perfides. D'ailleurs, Sire, ſouvenez-vous de ce vieux Proverbe, *Plus de morts, moins d'ennemis.* Carchenas répondit triſtement à ce conſeil, qui n'eſtoit mauvais que pour lui : Viſir, mon mal me tourmente aſſez, je vous prie de ne le point augmenter par ces menaces. Le Roi des Hiboux qui ſe ſentoit pour

Carchenas quelque pitié, s'adressa au second Visir, & lui dit de parler. Ce Visir ne fut pas de l'avis du premier. Sire, dit-il au Roi, je ne conseillerai point à vostre Majesté de faire mourir ce personnage. Les Rois doivent assister les foibles, & secourir ceux qui se jettent entre leurs bras. Outre cela, poursuivit-il, on peut quelquefois se servir utilement de ses ennemis, comme ce Marchand, dont je vais raconter l'Histoire à vostre Majesté.

FABLE

D'un Marchand, de sa Femme, & d'un Voleur.

UN Marchand riche, mais laid, & fort desagreable de sa personne, avoit une femme belle & vertueuse. Il l'aimoit passionnément; & elle au contraire le haïssoit, de maniere que ne pouvant le souffrir, elle faisoit lit à part. Une nuit il entra un voleur dans leur chambre: le mari estoit endormi; mais la femme qui ne l'étoit pas, apercevant le voleur, fut saisie d'une telle crainte, qu'elle courut embrasser son mari. Il se réveilla, & fut si transporté de joye de voir ce qu'il aimoit entre ses bras, qu'il s'écria : Misericorde ! A qui dois-je un bonheur si rare ! j'en voudrois bien sçavoir l'auteur, pour l'en remercier. A peine eut-il prononcé ces mots, qu'il vit le Voleur. O que tu sois le bien venu, lui dit-il ! Prens tout ce qu'il te plaira : je ne sçaurois assez te payer le bon service que tu viens de me rendre.

On voit par cet exemple que nos ennemis nous servent quelquefois à obtenir des choses dont nous avons inutilement recherché la possession avec le secours de nos amis. Ainsi ce Corbeau pouvant nous estre utile, il faut lui conserver la vie : c'est à quoi je conclus. Le Roi interrogea un troisiéme Visir, qui répondit : Sire, non seulement on ne doit pas faire mourir ce Corbeau, mais il faut mesme le careffer, & l'obliger par des bienfaits à nous rendre quelque important fervice. Les Sages effayent toûjours d'attirer quelqu'un de leurs ennemis, pour s'en fervir contre les autres, & enfin pour profiter de leurs divifions. La difpute que le Diable eut avec un Voleur, fut caufe qu'ils ne purent ni l'un ni l'autre nuire à un Derviche tres-vertueux. Chabahang ayant fouhaité d'entendre cette Fable, le Vifir la raconta de cette maniere :

FABLE

D'un Derviche, d'un Voleur, & du Diable.

AUX environs de Babylone il y eut autrefois un Derviche qui vivoit en vrai serviteur de Dieu : Il ne subsistoit que des aumônes qu'il recevoit, & au reste il estoit abandonné à la Providence, sans s'intriguer des choses du monde. Un de ses amis un jour lui envoya un Bœuf gras : Un Larron le voyant conduire, résolut de l'avoir à quelque prix que ce fût. En allant au Convent, il rencontra le Diable déguisé en homme. Il lui demanda qui il estoit, & où il alloit. Le Diable répondit : Je suis le Demon, qui ai pris la forme que vous voyez, & je vais à ce Monastere, pour tüer le Moine qui y demeure, parce que son exemple me nuit beaucoup, en rendant plusieurs méchans, hommes de bien. Je veux, continüa-t'il l'assassiner, puisque jusqu'ici mes tentations ont esté inutiles. Mais vous, dites-moi aussi qui vous estes, & où vous allez. Je suis, répondit le Larron, un insigne Voleur, & je vais à ce Monastere, comme vous, pour dérober un Bœuf gras, qui a esté donné au Moine que vous voulez tüer. Je suis bien-aise, repliqua le Diable, que nous soyons tous deux de la mesme humeur, & que nous ayons dessein l'un & l'autre de faire du mal à ce Moine.

Pendant qu'ils s'entretenoient de la sorte, ils arriverent au Convent. La nuit estoit déja un peu avancée ; le Derviche avoit fait ses prieres ordinaires, & s'estoit couché. Le Voleur & le Diable se préparoient à faire leur coup, quand le Voleur dit en lui-même : Le Diable fera crier le Moine en le tüant; si bien que les voisins viendront aux cris, & m'empêcheront de dérober le Bœuf. Le Demon de son costé raisonnoit en lui-même de cette sorte : Si le Voleur va pour prendre le Bœuf avant que j'aye executé mon dessein ; le bruit qu'il fera en ouvrant la porte, éveillera le Moine, qui se tiendra sur ses gardes. C'est pourquoi il dit au Larron : Laisse-moi tüer premierement le Derviche, & puis tu déroberas le Bœuf à ton aise. Attens plûtost que je l'aye pris, répondit le Voleur, aprés cela tu assassineras le Moine. L'un ne voulant point ceder à l'autre, ils se querellerent, & en vinrent enfin aux mains. Le Voleur ne se sentant pas le plus fort, se mit à crier au Derviche : Bon homme, voici un Demon qui veut te tüer. Le Diable se voyant découvert, s'écria : Au Voleur, qui veut dérober le Bœuf : Le Moine se réveillant à ces cris, apella ses voisins : ce qui obligea le Voleur & le Diable à prendre la fuite. Ainsi le Moine sauva sa vie & son Bœuf.

Le premier Visir ayant oüi conter cette Fable, se mit en colere, & dit au Roi : Je voy bien que vous vous laisserez tromper par ce Corbeau, comme un Menuisier se laissa tromper par sa femme. Contez-nous cette avanture, dit Chabahang.

FABLE

D'un Menuisier, & de sa Femme.

SIre, reprit le Visir, il y avoit dans la Ville de Sarandib un Menuisier parfait en son Art, qui possedoit une femme si belle, que le Soleil sembloit emprunter sa clarté de ses yeux. Elle estoit tellement aimée de son mari, qu'il estoit au desespoir, lors qu'il estoit obligé de s'éloigner d'elle. Cette femme estoit si artificieuse, qu'elle avoit trouvé le secret de faire croire à son mari qu'elle l'aimoit uniquement, quoi qu'elle eût plusieurs Galands qu'elle ne rebutoit point. Elle avoit pour voisin un jeune homme tres-bien fait, qui s'en fit aimer ; de maniere qu'elle commença de ne pouvoir souffrir les autres. Ils en devinrent si jaloux, qu'ils avertirent le Menuisier de ce commerce. Ce bon mari n'en voulut rien croire, sans en estre bien assuré ; & pour aprendre une vérité qu'il craignoit de sçavoir, il feignit d'avoir un petit voyage à faire ; & prenant quelques provisions, il dit à sa femme, qu'à la verité le chemin n'estoit pas long, mais qu'il devoit demeurer deux ou trois jours dans l'endroit où il avoit affaire : ce qui le fâchoit extrêmement, puis qu'il ne la verroit point pendant ce tems-là. Sa femme le paya de la mesme monnoye, se plaignit de cette absence, & pleura mesme ; mais ce fut plûtost de joye, que de douleur. Elle apresta tout ce qui estoit necessaire pour le départ de son mari ; qui, pour mieux dissimufer, lui recommanda de bien fermer fa porte, de peur que les Voleurs durant fon abfence ne fiffent quelque defordre en fa maifon. Elle promit d'avoir grand foin de toute chofe, & ne ceffoit point de s'affliger du départ de fon mari: Mais il ne fut pas plûtoft parti, qu'elle fit figne à fon Amant de la venir trouver. Il n'y manqua pas; mais pendant qu'ils eftoient enfemble, le Menuifier revint au logis, y entra fans eftre vû, & fe mit dans un coin, pour les obferver.

Cependant le Galand careffoit fa Maitreffe, qui recevoit fes careffes avec plaifir. Ils fouperent, & puis fe deshabillerent pour fe mettre au lit. Le Menuifier, qui n'avoit rien vû jufques-là qui pût le convaincre de fa honte, s'aprocha doucement pour les prendre fur le

fait ; mais sa femme l'ayant remarqué, dit tout bas à son Amant de lui demander lequel elle aimoit davantage de lui, ou de son Mari. Aussi-tost le Galand haussant la voix, lui dit : M'aimez-vous plus que vostre Mari ? Pourquoi, répondit la Femme, me faites-vous cette question ? ne sçavez-vous pas que les Femmes, quand elles témoignent de l'amitié à quelque autre qu'à leur Mari, ce n'est que pour contenter leur plaisir ; & quand elles sont satisfaites, elles n'y songent plus. Pour moi, j'idolatre mon Mari, je l'ai toûjours dans l'esprit; & selon moi, une Femme est indigne de vivre, si elle n'aime pas son Mari plus qu'elle-même. Ces paroles consolerent en quelque sorte le Menuisier, qui se reprocha la mauvaise opinion qu'il avoit euë de sa Femme ;
&

& la faute qu'elle commet à present, dit-il en lui-même, doit estre imputée à mon absence & à la fragilité du sexe. La personne du monde la plus chaste peche d'effet ou de volonté : ainsi puis qu'elle m'aime tant, je lui pardonne son crime, & je ne veux pas lui ravir un moment de plaisir. Ce débonnaire Epoux, aprés avoir fait ces reflexions, se retira dans un coin, & les laissa passer la nuit à leur aise.

Le Galand estant sorti de grand matin, la Femme demeura dans le lit, faisant l'endormie ; le Mari alors s'aprocha d'elle, & se mit à la caresser. Elle ouvrit les yeux, & faisant l'étonnée, elle dit à son Mari : Eh, mon cœur, depuis quand estes-vous de retour ? D'hier au soir, répondit le Menuifier ; mais je n'ai point voulu faire de mal à ce jeune homme qui a couché avec vous, parce que vous fongiez à moi pendant que vous receviez fes careffes, que vous n'auriez pas receuës, fi vous ne m'aviez cru abfent. La Femme à ces paroles favorables lui demanda pardon, & le contenta de menfonges, & de fauffes marques de tendreffe.

Cet exemple vous montre qu'il ne faut pas fe laiffer gagner par de belles paroles. Les ennemis, quand ils ne peuvent parvenir à leurs fins par la force, ont recours aux artifices, & s'humilient pour tromper. Carchenas en cet endroit s'écria : O vous, qui me rendez le but de vos fléches ! pourquoi dites-vous tant de chofes inutiles, pour augmenter mon mal ? Quelle apparence de perfidie trouvez-vous dans une personne blessée comme je le suis ? Quel fou voudroit souffrir tant de mal, pour faire du bien à un autre ? C'est, repartit le Visir, en quoi consiste ta finesse. la douceur de la vengeance que tu médites, te fait dévorer patiemment l'amertume de tes douleurs. Tu veux te rendre recommandable, comme ce Singe qui sacrifia sa vie au salut de sa patrie. Je conjure le Roi d'écouter cette Histoire.

FABLE

Des Singes, & des Ours.

UN grand nombre de Singes demeuroit dans un païs rempli de toute sorte de fruits, & fort agreable. Un Ours passant par hazard, & considerant la beauté de ce séjour, & la douce vie des Singes, dit en lui-même : Il n'est pas juste que ces petits animaux soient si heureux, pendant que je cours les bois & les montagnes pour trouver de quoi manger. En même tems il alla vers les Singes, & en tüa quelques-uns dans son dépit : Mais ils se jetterent tous sur lui ; & comme ils estoient en tres-grand nombre, ils le mirent tout en sang : de façon qu'il n'eut pas peu de peine à se sauver. Ainsi puni de sa témérité, il gagna une montagne, où il fit tant de cris, qu'il attira une troupe d'Ours, à qui il raconta son avanture. Ils se mocquerent tous de lui. Tu es bien poltron, lui dirent-ils, de te laisser battre par ces petits animaux : Il ne faut pas toutefois souffrir cet affront, & nous devons nous en vanger pour l'honneur de la Nation. Effectivement à l'entrée de la nuit ils descendirent tous de la montagne, & allerent fondre sur les Singes, qui ne songeoient à rien moins qu'à cette irruption. Ils estoient tous retirez, & prenoient leur repos, lors qu'ils furent enveloppez par les Ours, qui en tüerent une partie : le reste se sauva en desordre. Ce lieu plut tellement aux Ours, qu'ils le choisirent pour leur demeure. Ils prirent pour Roi celui d'entre eux qui avoit esté si maltraité ; & aprés cela ils se mirent à manger les provisions que les Singes avoient amassées.

Le lendemain, au point du jour, le Roi des Singes qui ne sçavoit rien de tout ce desordre, parce qu'il estoit à la chasse depuis deux jours, En revenant au logis, rencontra plusieurs Singes estropiez, qui lui raconterent ce qui s'estoit passé le jour précedent. Le Roi à cette fâcheuse nouvelle se mit à pleurer, & à regreter le beau trésor qu'il avoit perdu, accusant le Ciel d'injustice, & la Fortune d'inconstance. Outre cela ses sujets le pressoient de se vanger ; de maniere que ce pauvre Roi ne sçavoit de quel costé se tourner. Parmi tous ces

Singes qui s'estoient ralliez, il y en avoit un nommé *Maimon*, qui estoit un des plus subtils & des plus sçavans de la Cour, & le favori du Roi ; voyant son Maitre triste, & ses compagnons consternez, il s'avança, & leur dit : Ceux qui ont de l'esprit, ne s'abandonnent jamais au desespoir, qui est un arbre qui ne porte que de mauvais fruits ; & la patience au contraire fournit mille inventions pour sortir des plus fâcheux embaras. Le Roi, que ce discours rendit plus tranquile, dit à Maimon : Comment pourrons-nous avec honneur nous tirer d'une si dangereuse affaire ? Maimon supplia sa Majesté de lui donner une audience secrete ; & aprés l'avoir obtenuë, il parla en ces termes :

Sire, ma femme & mes enfans ont esté massacrez par ces

Tirans : Jugez de ma douleur, de me voir privé pour jamais des douceurs que je goutois au milieu de ma famille. Je suis résolu de mourir pour terminer mes déplaisirs ; mais je veux que ma mort soit funeste à mes ennemis. O! Maimon, dit le Roi, on ne souhaite de se vanger de ses ennemis, que pour se procurer du repos, ou une satisfaction d'esprit ; mais quand vous serez mort, que vous importe que le monde soit en guerre ou en paix ? Sire, reprit Maimon, dans l'état où je suis la vie m'estant insuportable, je l'immole avec plaisir au bonheur de mes compagnons. Toute la grace que je demande à vostre Majesté, c'est de vous souvenir quelquefois de ma generosité, quand vous serez rétabli dans vos Etats. Commandez, ajoûta-t'il, qu'on m'arrache

che les oreilles & les dents, qu'on me coupe les pieds, & puis qu'on m'abandonne la nuit dans le coin de la forest où nous estions logez. Retirez-vous, Sire, avec ce qui vous reste de sujets, éloignez-vous d'ici de deux journées, & la troisiéme vous pourrez revenir à vostre Palais, parce que les ennemis n'y seront plus. Le Roi fit avec douleur executer ce que Maimon desiroit, & le laissa dans le bois, où il ne cessa toute la nuit de faire les plaintes du monde les plus touchantes.

Le jour estant venu, le Roi des Ours, qui avoit oüi la voix de Maimon, s'avança pour voir ce que c'estoit ; & voyant le pauvre Singe en cet état, il en fut touché de compassion, malgré son humeur cruelle, & il lui demanda qui l'avoit maltraité de la sorte, & qui il estoit. Maimon
F f

jugeant par les aparences que c'eſtoit le Roi des Ours qui lui parloit, le ſalüa, & lui dit: Sire, je ſuis le Viſir du Roi des Singes; j'eſtois allé à la chaſſe avec lui, & à noſtre retour ayant apris les ravages que vôtre Majeſté a faits dans nos maiſons, il me tira en particulier, pour me demander ce que je croyois qu'il y eût de meilleur à faire dans cette conjoncture. Je lui répondis, ſans balancer, qu'il faloit nous mettre ſous vôtre protection pour vivre en repos. Le Roi mon Maitre dit làdeſſus beaucoup de ſottiſes de voſtre Majeſté: ce qui fut cauſe que je pris la hardieſſe de lui repreſenter que vous eſtiez un Roi couvert de gloire, & plus puiſſant que lui. Il fut tellement irrité de mon audace, qu'il me fit mettre à l'heure même dans l'état où vous me voyez. Et puis, il me dit d'un air furieux: Va avec mes ennemis, puisque tu tiens leur parti ; je verrai comme ils te vengeront. Aprés celà il me fit porter en cet endroit. Maimon n'eut pas plûtoft achevé ce discours, qu'il se mit à répandre des larmes en si grande abondance, que le Roi des Ours en fut attendri, & ne put s'empêcher de pleurer aussi. Il demanda à Maimon où eſtoient les Singes? Dans un desert nommé *Mardazmay*, répondit-il, où ils amaſſent une puiſſante Armée ; & je ne doute pas que vous ne les voyïez bien-toſt venir à vous. Le Roi des Ours effrayé de cette nouvelle, interrogea Maimon sur les moyens de se garantir des entrepriſes des Singes. Que vôtre Majeſté, repartit Maimon, ne les craigne point ; si je n'avois pas les pieds rompus, je m'en irois avec une troupe de vos gens, & je mettrois en fuite tous ces Guenons. Je ne doute pas, dit le Roi, que vous ne sçachiez les avenuës de leur Camp : conduisez-nous où ils sont, nous vous en serons obligez, & nous vous vangerons de leur barbarie. Cela est impossible, repliqua Maimon, parce que je ne puis marcher. Il y a remede à tout, repartit le Roi ; & je trouverai bien une invention pour vous conduire. En mesme tems il apella son Armée, & lui commanda de se tenir preste pour partir, & en estat de combatre. Ils obéïrent tous, & attacherent Maimon, pour leur servir de guide sur la teste d'un des plus grands Ours.

Maimon les conduisit dans le desert de Mardazmay, où il souffloit un vent empoisonné, & où la chaleur estoit si grande, qu'on n'y voyoit aucun animal.

Quand les Ours furent entrez dans ce dangereux desert, Maimon pour les y engager plus avant, les pressoit, disant: Alons vîte pour les surprendre avant le jour. Ils marcherent toute la nuit; mais le lendemain ils furent bien étonnez de se trouver dans un lieu si funeste. Non seulement ils ne virent paroistre aucun Singe, mais ils s'aperçûrent que le Soleil avoit échauffé l'air de telle sorte, que les oiseaux qui y voloient, tomboient tous grillez; & le sable y estoit si brûlant, que les pieds des Ours estoient tous rostis. Alors le Roi dit à Maimon: En quel desert nous avez-vous amené, & quel tourbillon enflammé vois-je venir à nous? Le Singe voyant qu'ils alloient tous perir, parla franchement, & répondit au Roi des Ours: Tiran, nous sommes dans le desert de la mort;

ce tourbillon qui s'aproche de nous, est la mort mesme, qui vient te punir de tes tirannies. Pendant qu'il parloit ainsi, le tourbillon arriva, & les consomma tous.

Deux jours aprés le Roi des Singes retourna dans son Palais, comme lui avoit dit Maimon; & n'y trouvant plus d'ennemis, continüa de vivre en paix avec ses Guenons.

Vostre Majesté, poursuivit le Visir, voit par cet exemple, qu'il ne faut point se fier aux belles paroles de ses ennemis. Il faut que celui-là périsse qui tâche de nous faire perir. Ce discours mit en colere le Roi des Hiboux, qui dit brusquement au Visir: Pourquoy voulez-vous empêcher que ce pauvre miserable éprouve ma clemence? Ne sçavez-vous pas que vous pouvez tomber dans le malheur qui luy est arrivé. En mesme tems il commanda à ses Chirurgiens de panser Carchenas, & d'en avoir un soin particulier. Carchenas se gouverna si bien, qu'en peu de tems il fut aimé de toute la Cour. Le Roi des Hiboux lui donna sa confiance, & commença de ne rien faire sans le consulter. Un jour Carchenas harangua le Roi en presence d'un grand nombre de Courtisans; & voici ce qu'il dit: Sire, le Roi des Corbeaux m'a maltraité si injustement, que je ne mourrai point content que je ne m'en sois vangé. Il y a long-tems que j'en cherche les moyens dans ma teste; mais j'ai songé que je ne puis me vanger honnestement ni seurement tant que j'aurai la figure d'un Corbeau. J'ai oüi dire à des hommes d'esprit, que celui qui a esté maltraité par un Tiran, s'il fait quelque souhait, il faut qu'il se mette dans le feu, pendant qu'il y sera, tous les vœux qu'il fera seront exaucez. C'est pourquoy je supplie vôtre Majesté de me faire jetter dans le feu, afin qu'au milieu des flammes je demande à Dieu qu'il me change en Hiboux : peut-estre qu'il exaucera ma priere, alors je sçauray bien me vanger de mon ennemi. Le Hiboux Visir qui avoit parlé contre Carchenas, estoit en cette Assemblée ; il s'écria : O traistre ! à quoy tend ce langage ? Tu médites une perfidie. Sire, ajoûta-t'il, se tournant vers le Roi, vous avez beau caresser ce méchant, il ne changera jamais de naturel. La Souris fut metamorphosée en fille, & toutefois elle ne laissa pas de souhaiter d'avoir un Rat pour mari. Vous aimez fort à raconter des Fables, dit le Roi en raillant ; je consens d'écouter encore celle-là, mais je ne vous répons pas que j'en profite beaucoup.

FABLE

D'une Souris qui fut changée en fille.

UN homme de bien se promenant un jour au bord d'une fontaine, vit tomber à ses pieds une souris du bec d'un Corbeau qui ne la tenoit pas trop bien. Cet homme par pitié la prit, & la porta chez soy ; mais craignant qu'elle ne fist quelque desordre, il pria Dieu de la changer en une fille : Ce qui fut fait ; de maniere qu'au lieu d'une Souris il vit tout d'un coup une petite Fille, qu'il fit élever. Quelques années aprés, le bon homme la voyant assez grande pour estre mariée, lui dit : Choisis dans toute la Nature l'estre que tu voudras, je te promets de te le faire épouser. Je veux, répondit la Fille, un mari qui soit si fort, qu'il ne puisse estre vaincu. C'est donc, repliqua le vieillard, le Soleil que tu demandes. C'est pourquoy le lendemain matin il dit au Soleil : Ma fille desire un Epoux qui soit invincible, voulez-vous bien l'épouser : Mais le Soleil lui répondit : La Nuée empêche ma force, adressez-vous à elle. Le bon homme fit le même compliment à la Nuée : Le Vent, lui dit-elle, me fait aller où bon lui semble. Le vieillard ne se rebuta point, il pria le Vent d'épouser sa Fille, mais le Vent luy ayant representé que sa force estoit arrestée par la Montagne, il s'adressa à la Montagne : Le Rat est plus fort que moy, répondit-elle, puisqu'il me perce de tous costez, & pénetre jusques dans mes entrailles. Le vieillard enfin alla trouver le Rat, qui consentit de se marier avec sa Fille, disant qu'il y avoit long-tems qu'il cherchoit une femme. Le vieillard retourna au logis, & demanda à sa Fille si elle vouloit épouser un Rat : Il s'attendoit à la voir témoigner de l'horreur pour ce Mariage, mais il fut bien étonné quand il vit qu'elle marquoit beaucoup d'impatience d'estre unie au Rat. Le bon homme aussi-tost se mit en priere pour demander que sa Fille redevint Souris : ce qu'il obtint.

Le Roi des Hiboux attribuant ces remontrances à la jalousie qu'il croyoit que le Visir avoit du Corbeau, n'en fit guere de cas. Cependant Carchenas observoit les entrées & les sorties des Hiboux ; & quand il fut parfaitement instruit de toutes choses, il les quitta secretement, & retourna vers les Corbeaux. Il aprit à son Roi tout ce qui s'estoit passé, & lui dit : Sire, c'est maintenant que nous pouvons nous vanger de nos ennemis. Dans une montagne il y a une caverne où tous les Hiboux s'assemblent tous les jours, elle est environnée de bois : Vostre Majesté n'a qu'à commander à son Armée de porter une grande quantité de ce bois à la porte de cette caverne. Pour moi, je me tiendrai auprés, avec du feu que j'aurai pris aux Cabanes des Bergers voisins, j'allumerai le bois ; alors tous les Corbeaux battront des aisles à l'entour, afin de l'alumer davantage : ainsi les Hiboux qui sortiront seront brûlez des flammes, & la fumée étouffera ceux qui demeureront.

Ce conseil plût au Roi des Corbeaux: Il ordonna à tout son monde de partir; enfin on fit ce qu'avoit dit Carchenas, & tous les Hiboux perirent. On voit par cet exemple qu'il est quelquefois necessaire de se soumettre à ses ennemis, pour en tirer raison. La Fable qui suit peut encore en servir de preuve.

FABLE

D'un Serpent, & des Grenoüilles.

UN Serpent devenu vieux & foible, & ne pouvant plus chasser, se plaignoit des incommoditez de sa vieillesse, & regrettoit inutilement la force de ses premieres années; la faim lui fit pourtant trouver ce stratagême pour subsister. Il alla au bord d'une Fontaine où demeuroit une infinité de Grenoüilles qui avoient élû un Roi pour les gouverner. Le Serpent affecta d'estre fort triste & malade : Une Grenoüille lui demanda ce qu'il avoit? J'ai faim, répondit-il ; je vivois autrefois des Grenoüilles que je prenois, mais je suis presentement si malheureux que je n'en puis prendre aucune. La Grenoüille alla promptement donner avis à son Roi de l'état & de la réponse du Serpent. Sur ce raport le Roi se transporta lui-mesme sur le lieu pour considerer le Serpent, qui lui dit : Sire, un jour voulant prendre une Grenoüille, elle s'enfuit chez un Moine, & entra dans une chambre obscure où dormoit un petit enfant : Comme je suivois ma proye, j'entrai aussi dans la chambre, je sentis le pied de l'enfant, & m'imaginant que c'étoit la Grenoüille, je le mordis de maniere que l'enfant mourut aussi-tost. Le Moine irrité de mon audace, me poursuivit de toute sa force; mais ne pouvant me joindre, il demanda à Dieu que pour me punir de mon crime, je ne pusse jamais attraper de Grenoüilles, à moins que leur Roi ne m'en donnât par charité; & enfin il ajoûta qu'il souhaitoit que je devinsse leur esclave, & que je leur obéïsse. Ces prieres du Moine, continüa le Serpent, ont esté exaucées; & je viens pour me soumettre à vous, & pour obéïr à vos ordres, puisque c'est la volonté de Dieu.

Le Roi des Grenoüilles le receut avec orgueil, & lui dit fierement qu'il se serviroit de lui. Le Serpent durant quelques jours porta le Roi sur son dos; mais il lui dit à la fin: Puissant Monarque, si vous voulez que je vous serve long-tems, il faut me nourrir, ou je mourrai bien-tost de faim. Tu as raison, répondit le Roi des Grenoüilles : je te donnerai par jour deux de mes sujets à croquer. Ainsi le Serpent par sa soumission à son ennemi s'assura à ses dépens une nourriture pour le reste de sa vie.

Sire, dit Pilpay, vostre Majesté voit par ces exemples, que la patience est une grande vertu pour faire réüssir un dessein. Les gens d'esprit ont raison de dire que la prudence vaut mieux que la force. On peut par adresse se tirer d'un mauvais pas : mais aprenez qu'il ne faut point se fier à ses ennemis, quelques protestations d'amitié qu'ils fassent. Un serpent sera toûjours serpent. Ce n'est qu'aux vrais amis qu'il faut donner sa confiance, & il n'y a que leur commerce qui puisse nous estre utile.

F I N.

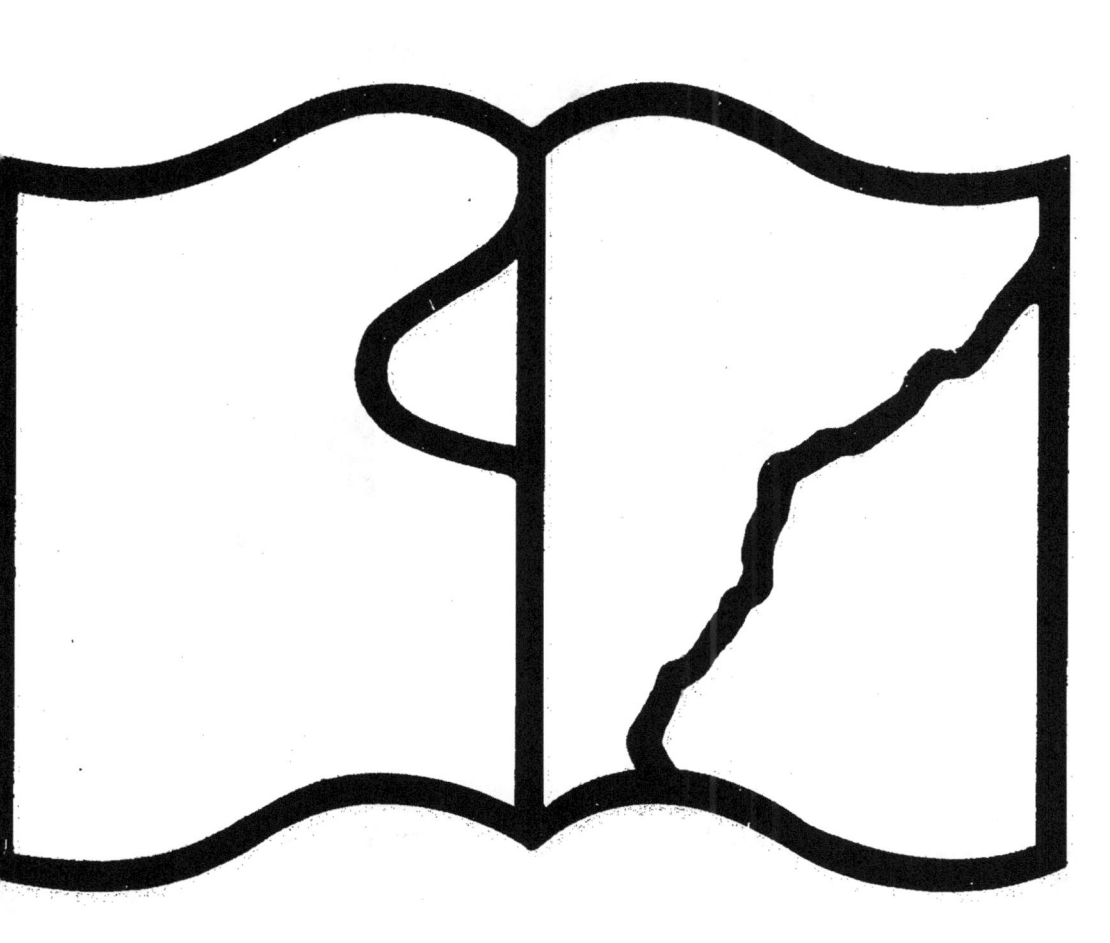

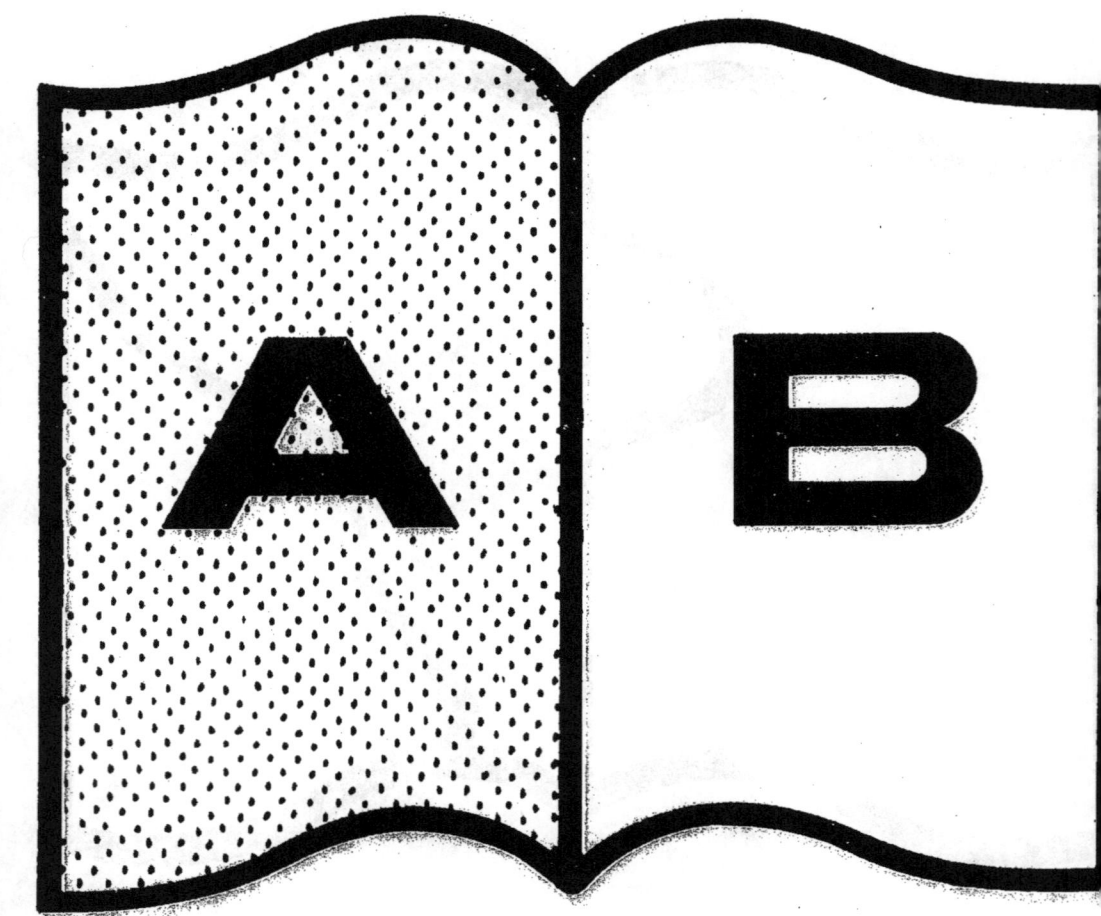

www.ingramcontent.com/pod-product-compliance
Lightning Source LLC
Chambersburg PA
CBHW060053190426
43201CB00034B/1398